职场101
大学生职业生涯起步与进阶

毕帆
——著——

徐琪方
——业界顾问——

人民日报出版社
北京

图书在版编目（CIP）数据

职场 101：大学生职业生涯起步与进阶 / 毕帆著. — 北京：人民日报出版社，2020.11
ISBN 978-7-5115-6580-8

Ⅰ. ①职… Ⅱ. ①毕… Ⅲ. ①大学生－职业选择 Ⅳ. ① G647.38

中国版本图书馆 CIP 数据核字（2020）第 189187 号

书　　名：	职场 101：大学生职业生涯起步与进阶
	ZHICHANG 101: DAXUESHENG ZHIYE SHENGYA QIBU YU JINJIE
著　　者：	毕　帆
出 版 人：	刘华新
责任编辑：	蒋菊平　徐　澜
版式设计：	九章文化
出版发行：	人民日报出版社
社　　址：	北京金台西路 2 号
邮政编码：	100733
发行热线：	(010) 65369527　65369509　65369512　65369846
邮购热线：	(010) 65369530　65363527
编辑热线：	(010) 65369528
网　　址：	www.peopledailypress.com
经　　销：	新华书店
印　　刷：	大厂回族自治县彩虹印刷有限公司
法律顾问：	北京科宇律师事务所　010-83622312
开　　本：	850mm×1168mm　1/32
字　　数：	143 千字
印　　张：	8.5
版　　次：	2020 年 11 月第 1 版　2020 年 11 月第 1 次印刷
书　　号：	ISBN 978-7-5115-6580-8
定　　价：	42.00 元

目 录
CONTENTS

序一　十年四次转型背后的生涯故事......................001
序二　一个普通人的自我修养..............................009

第一部分　理解现状

第一章　认识自我......................003

失落的"天之骄子"：我们都是普通人 004
个人偏好：发现你的效用函数 009
综合能力："木桶理论"还是"孤峰理论" 012
课后问答：大学四年该静心学习还是琢磨工作？ 015

第二章　未来已来......................020

趋势1："消灭你与你无关"——科技普及 022
趋势2：没有"铁饭碗"只有不愁饭碗的人——平台＋个人 ..027
趋势3：中国拥有超过3亿的中等收入人群——all in 中国 034

课后问答：现在的专业我不喜欢/不热门/不满意怎么办？.... 038

第三章　体制内外 042

体制内：政府部门和事业单位 042

课后问答：长辈们总是劝我考公务员，我应该听他们的吗？... 048

体制外：国企、民企和外企 051

课后问答：应届生要不要去创业企业？.... 057

第四章　区位选择 060

"逃离北上广"还是"逃回北上广"——没有人能
随随便便成功 060

不能承受的房价之重——我还小，我需要考虑买房吗？.... 067

课后问答：我想留在大城市拼一把，他们说回去吧，
家里有房有车 070

第五章　行业理解 075

认识高薪行业——为什么高薪行业会存在 076

理解互联网行业——未来商业社会的钥匙 081

学习能力迁移——如何快速理解一个行业 087

课后问答：学会了分析行业，那么如何知道哪一家
公司好呢？.... 097

第二部分 明确原则

第六章 独立思考...................107

独立意识：你以为你以为的就是你以为的吗？.................109

路径选择：大学生活的正确打开方式......................113

遵从本心：如何找到"向往的生活".....................119

课后问答：关于我的发展，父母总有太多建议，
我该听他们的吗？......................124

第七章 量级思维...................127

量级思维：建立判断取舍的底层逻辑......................127

资源优先级：注意力＞时间＞金钱......................129

时间优先级：做未来的朋友......................131

路径优先级：多数人的选择并不一定正确......................133

课后问答：掌控焦虑——你的心态，究竟是谁说了算..........136

第八章 以终为始...................140

以终为始：没有目标的航行，任何方向都是逆风.................140

发现目标：不断地审视初心......................143

明确任务：不断地向下拆分......................147

课后问答：要找工作了，我还没找到人生目标，怎么办？ 150

第九章　拥抱变化..................................159

拥抱变化：机会来自变化而非稳定............159

接受现实，适应环境................................164

反馈信息，自我调整................................166

正面影响，引领创新................................168

课后问答：打破人设，"优等生"的困与惑...........171

第三部分　开始行动

第十章　精力管理..................................177

时间都去哪儿了——重新审视自己的生活...........177

确定生活的优先级——朝抵抗力最大的路径走.......183

总是被DDL追着跑——为什么我的生活一团糟.........187

课后问答：我该参加学生会吗？......................194

彩蛋：如何毁掉你的大学生活........................196

课后作业1：时间管理任务清单......................198

第十一章　寻找机会................................200

好的简历应该怎么写................................200

为什么我们要去招聘会..............................206

人生的第一次面试..................................212

课后作业2：寻找机会任务清单 221

第十二章　告别校园 224

发展路径：继续学习还是马上工作 224

机会选择：挑选收获的工作邀约 229

跨入职场：你也许需要这些准备 235

课后作业3：入职准备任务清单 238

拓展阅读：推荐书目 240

后　记 250

致　谢 251

序 一

十年四次转型背后的生涯故事

> 未经审视的人生不值得过。
>
> ——苏格拉底

你好！我是法桐——本书的业界顾问，我来自杭州一家知名互联网公司。因为"生涯"这件事情，你我有缘通过本书相遇。

关于生涯，我身上最为显著的一个"标签"就是"连续四次主动转型"。本科学习韩语专业的我，工作十年以来，从大学辅导员转战传统企业，开始从事职业培训。继而进入一家知名互联网公司的乡村事业部。三年后，我开始在集团研究院从事政策研究和培训工作，一直到今天。对我来说，从韩语专业毕业生，到顶尖互联网企业智库的一员，这中间的跨度大约也可以绕地球大半圈了吧。

"一生二,二生三,三生万物",跨界和转型这种事情,看着酷炫,其实也是熟能生巧的逻辑。面对今天的你们,即将或者正在大学学习的同学,我们不必急于去探寻转型的背景与原因。我想先与你们分享的是自己关于"生涯"理解和实践的三个阶段。

第一,主动选择。

人生中的重大决定无非是这么几个。在学生阶段每个人其实都差不多,不过是上什么样的小学、中学和大学。我特别想强调一下"主动"这个词。你人生中第一次"主动"做出重大决定是在什么时候呢?对我来说,是从选择上高中开始的。当然说起来是有一些凑巧的因素。本来我应该去杭州的另一所重点高中。但是初中保送生排名的时候,我与那所高中失之交臂。我也固执地认为是没有缘分。恰巧在那一年,我后来的母校,当然也是我今天认为全杭州最好的高中没有之一的杭州二中校区搬迁,开始采取寄宿制。那时,我就毅然决然地报考,在老师家长们惴惴不安的担心中全力准备,最终顺利入学。

三年后,在面临高考志愿选择时,我又固执地把"城市"放在了高于其他一切因素的优先位置,并且抓住了小语种提前招生的机会,被北京语言大学录取。去北京上大学是我的第一次远行,因为行李箱装得太满,走出北京站的时候轮子都崩掉了,只能生扛着箱子。尽管如此,当我站在站前广场上,驻足看那大街上车来车往,油然而生一种无厘头的兴奋感:这就是我想要来的地方,这里和我小时候通过电影《阳光灿烂的日子》而认识的北京是一个模样。那时候的我,还不知道自己后来将在北京学习生活整整7年,这里带给了我太多的东西,时至今日乃至未来都将继续影响我。

到北京上大学,是我不长的人生旅途中最为正确的决定之一。仔细想来,上高中,上大学,从北京回到杭州,再换工作,包括恋爱结婚,人生至今每一个重要决定都是我的"主动选择"。当我越来越多地与各路朋友和找我咨询的同学交流时,我才发现这竟然是一种稀有的幸运。直到后来,在系统学习了生涯理论之后,我更加确信这一点:超越各种工具和技法,"主动",也就是所谓"听从自己的内心",是生涯探索的原点。一如新精英生涯学校的slogan所说的那样:"成长,长成自己的样子。"达成这一状态的前提一定是自我认知与主动追求。一开始,我认为"主动选择"需要的是勇气,后来我发现这是一种可以通过刻意练习提高的能力。选择不是盲动,而是综合分析之后的理性判断,是自己摸索出的一套人生算法。每当在咨询过程中遇到面对工作选择犹豫不决的同学时,我都会试着去询问他（她）之前是否有过"主动做出重大选择"的经历。很多还真的没有。这时候我通常会鼓励他（她）无论如何，先做出一个选择，并且承担可能的后果。毕竟，我们永远不可能指望在没有下水的时候学会游泳。

第二，兴趣尝试。

我的第一份工作是留校担任学生辅导员，这令我非常兴奋。但是没多久，我发现辅导员的工作任务根本没办法计量，而且是用负面清单定义的，即只要是任课老师不管的，辅导员都得管，千头万绪，深不见底。

尽管如此，我仍然认为可以在一定范围内在各项工作模块当中对自己感兴趣的部分重点投入，也就是所谓的"专业化"。我选择的投入方向，就是"就业指导"。在那时的我看来，大学毕业了，找到好工作，有合适的去向才是王道。当时，我是刚毕业的菜鸟，为了做好这项工作，不得不满世界找材料学习，找前辈请教，然后拿回来给只比我小一两岁的学生们改简历，做面试辅导。我还专门制作了《小语种就业十大方向分析》和《国家公务员招考小语种专业形势分析》等课程，给学生们开专题讲座。虽然观点或许并不成熟，但的确是自己花心思做整理和输出的内容。这些经历也在不经意间为自己后来从事培训工作打下了一定的基础。类似于这样基于个人兴趣，结合眼下工作的努力，给我带来了巨大的成就感：每当有同学告诉我自己拿到了心仪的offer时，我内心的欣喜程度无以言表。

大学辅导员的经历只有两年，但是"好为人师"大概是我要背上一辈子的标签。在离开校园之后，我仍然有意无意地扮演着"辅导员"的角色，给考大学的邻居弟弟或者换工作的昔日同窗出出主意，或者在自己小小的公众号上发发文章。2018年6月，我把自己写的《6分钟提升高考志愿填报合理性的五条原则清单》一文发到雪球APP上，被雪球创始人——常年在APP上以"不明真相的群众"的身份陪聊求打赏的方三文打赏并转发，一周之内获得接近90000的阅读量，转发和评论超过200条。

在这一阶段，"生涯"对我而言是特定的兴趣，乐在其中。兴趣的典型特征是，即便你为之投入额外的时间与精力，也不会感觉疲倦厌烦，而每当有一点点进展时，你就会进入沉浸式的愉悦之中。

第三，修己助人。

2018年2月末，我在偶然间遇到了"在行"平台，并注册登录成为在线可约的"生涯规划咨询师"。仅仅三天以后，我就收到了第一笔"订单"，来自一位刚刚工作不久，在海外常驻的L同学。通过微信语音进行的咨询交流结束后，我很快收到了"好评"以及99元的咨询费。这显然不是什么大数目，但是对我来说却十分特别：无论金额大小，收费就代表着咨询者对你的期待，需要交付的不仅仅是零碎随意的感言，而是能够帮助对方解决问题的专业建议。

从第一位L同学开始，对于每一位通过"在行"找到我的同学，我不仅会细致地分析和回答，还会做好格式化的整理记录。在拿到我发送的记录时，许多同学都会惊喜地再次表示感谢。只有我自己知道，在每一次的咨询和总结的过程中，我也在不断地回望自己一路走来的行动和思考，我，在成为更好的人。

仍旧是通过"在行"，我结识了"美好未来行动基金会"的胡老师，该基金会是中国妇女发展基金会下属的公益组织，旨在围绕联合国可持续发展目标中的"优质教育"推动社会发展。美好未来行动基金会正在筹备开发面向大学生与职场新人的"职场大师课"系列课程，我也被邀请成为主讲人之一。对我来说这是莫大的荣耀，也是系统总结自己关于"生涯规划"思考的最佳机会。

再然后，我的老朋友、本书的作者、仍然战斗在学生工作一线的大学辅导员——毕帆老师，开始筹划写一本关于生涯发展的书，定位是给大学生的第一本"职业生涯引导书"。她邀请我加入，贡献一些思考。我与毕老师一拍即合，欣然加入。直到这里，我大约也算是讲清楚了我与你——正在阅读本文的你——是如何因为"生涯"而结缘的。

当然,我写下以上这些文字的目的又不仅止于此。我试图用这篇序言向乔布斯那篇传世演讲中那段被无数次引用的话语致敬——"*我再说一次,你不能预先把点点滴滴串在一起;唯有未来回顾时,你才会明白那些点点滴滴是如何串在一起的。所以你得相信,你现在所体会的东西,将来多少会连接在一起。你得信任某个东西,直觉也好,命运也好,生命也好,或者业力。这种做法从来没让我失望,也让我的人生整个不同起来*"。这一点恰如我现在的公司所信奉的一样——在很多人都是看见之后才愿意相信的情况下,我愿意也邀请你一起"因为相信,所以看见"。

回到"生涯"这件事情上,我其实与你一样,都是人生路上的探索者和实践者,只不过虚长几岁,所以多走过一些路罢了。从做辅导员开始的尝试,到而后一直从事培训的工作经历,再到最后偶然尝试但成果远超预期的咨询与写作——"生涯规划"是我在全职工作以外,又一条能够把个人志趣和社会需求相结合的道路。作为业界顾问与毕帆老师一同完成这本书,也是我在这条道路上的又一个里程碑。套用生涯发展的"三叶草模型",恰恰是我对生涯规划的"兴趣"驱动了"能力",又以"能力"创造出

"价值",进而在职场上进行等价交换。为找到这样一条道路,我用了整整十年。而我已经足够幸运,因为有许多人,终其整个职业阶段都没有搞明白自己要去往哪里,更遑论到达那个花开的彼岸。职业对于他们来说仅仅是谋生的手段,而不是"生涯"。每个人都将要在自己选择的职业领域工作几十年,从时间分配的角度来看,这样的状态就好像一直在吃快餐果腹,而从未品味人间美食的精要滋味,这将是何等的遗憾啊!

我们的大多数读者或许还未开始探索自己的职业路径,但幸运的是,你们的未来还有无限的可能。如果非要为这种可能性的价值做一番量化,我想引用中国民营企业家刘永好的一句话:"如果可能,我愿意让出我所有的财富和一个年轻人交换年龄。"人生的使命不就是把仅仅属于自己的可能性一点点探索明白吗?

在你准备开始探索职业生涯的路途上,我庆幸能与你同行。如果本书的哪怕一个观点能对你有所触动和助益,那对我们来说就是无上幸福的事情了。

徐琪方(法桐)
2019年于杭州

序 二

一个普通人的自我修养

> 你以为，因为我穷，低微、不美、矮小，我就没有灵魂没有心吗？你想错了！我的灵魂跟你的一样，我的心也跟你的完全一样！要是上帝赐予我财富和美貌，我一定要让你难以离开我，就像我现在难以离开你。我现在与你说话，是我的精神与你的精神说话，就像两个都经历了坟墓，我们站在上帝脚跟前，是平等的，因为我们是平等的。
>
> ——《简·爱》

教育，要有一颗平常心。

当了这么多年辅导员，我曾花费了很多精力在培养"杰出"学生上：更高的成绩，更好的学术发表，更完美的职业规划，更犀利的人生赢家，然后便有了更多的所谓的"榜样"和"带动"作用。似乎在传统的教育观念里，只有最优秀最卓越的那个人,才能够代表我们的教育。另外,无论是我们还是我们的学生,从小到大的教育背景音都是在循环播放:如何改变世界,如何成为一名科学家,如何成为外交官,如何成为CEO,我们大多数的讲座和指导,也都是奔着"治国平天下"的方向。我过了很长时间才意识到,在我们的生涯发展教育中,或许缺少了一些针对"普通人"的工作;在我们的榜样教育中,或许也应该给"普通人"留出一点空间。

事实上,在"卓越"学生之外,还有着沉默的大多数,他们或许在迷茫中摇摆,但也未放弃过努力,或许身处阴影,但始终追寻光明;他们或许注定没有机会成为伟人,却从不止步,努力过好一个普通人的日子,做一个不断精进努力生活的普通人。

又或者,即便英雄,也大抵只是平凡人做了不平凡的事情。

我不是高级白领,不是创业明星,不是阅人无数的HR也没有法桐老师精彩的人生经历,我只是一名普通的高校辅导员,为什么我要写一本职业发展的书呢?或者说,凭什么?

我想,这不是一本成功指南,这只是送给普通学生的一本"避坑说明"或者"成长练习册",它无法保证你成为天才或者赢家,但是可以陪伴一个普通人度过这段人生最关键的选择期。成功,当然令人羡慕,但生活,才是每个人的必经之路。而唯其如此,我也才有勇气,在法桐老师的帮助下,将我这些年来对学生职业发展和生涯规划的思考写下来,分享给大家。虽是点点星火,也足慰我们的平凡之路。

这本书只是关于普通人的自我修养,而你我,皆是同路。

毕 帆
2019年于惠园

第一部分

理解现状

扫码观看

西瓜视频　　哔哩哔哩

经济学帮你找工作：
发现你的比较优势

> **真是奇怪 le**
> 通过比较优势找工作，真正的学以致用！各位小伙伴读书学习之余也不要忘了关注其他赛道，没准就有击中你灵魂的一条人生道路呢~

第一章 认识自我

> 在选择投资对象的管理层时，我宁可选择一个智商为130但以为自己是120的人，也不会选择一个智商是150却以为自己是170的人。
>
> ——查理·芒格

相信很多人都还记得这个段子：

"小时候，我经常纠结：长大后，是上清华好，还是上北大好？长大后，才发现我真的想太多了。"或许是因为触发了太多人的共鸣，以至于"上北大还是上清华"年年成为高考期间的网络流行语。在大学里，我们却发现很多学生仍然会有类似的困惑。他们常常苦恼："我是做行研好还是去私募好呢？""我是做区块链还是做大数据呢？""百度、阿里、腾讯，我到底去哪一家好呢？""如果留学的话，我究竟是去牛津剑桥，还是去哥大哈佛呢？"等等。

当然，的确有少数人是拿到offer才开始纠结的，但考虑到就业市场的现状，绝大多数人的苦恼，还是基于对自我的误解。

可以说，要想做好人生的选择题，正确认识自我非常关键。因为无论是时代发展的趋势，还是区位增长的潜力；无论是行业选择的标准，还是体制内外的差异，这些问题本身对所有人来说都是一样的，差别在于认知水平不同，这是可以通过后天学习获得的。但每个人的成长背景、个人偏好和综合能力却真真正正是千差万别——除了你，没有人能够真正了解你自己。也只有你，才能做出最适合自己的选择。

失落的"天之骄子"：我们都是普通人

> 人们眼中的天才之所以卓越非凡，并非天资超人一等，而是付出了持续不断的努力。
>
> ——《异类》安德斯·埃里克森

电视剧《大江大河》赶在改革开放四十周年年末上映，火遍大江南北，也引发无数唏嘘。曾几何时，"大学生"三个字,是家族荣誉的勋章,是改变阶层的通道。那个时候,"全村的希望"还不是"锦鲤杨超越",而是"大学生宋运辉"。

表1　1977年—2019年参加高考人数及录取率

年份	参加高考人数	录取人数	录取率
2019	1031万	820万	79.53%
2018	975万	791万	81.13%
2017	940万	761万	80.96%
2016	940万	749万	79.68%
2015	942万	738万	78.34%
2014	939万	721万	76.78%
2013	912万	700万	76.75%
2012	915万	689万	75.30%
2011	933万	682万	73.10%
2010	946万	662万	69.98%
2009	1020万	639万	62.65%
2008	1050万	608万	57.90%
2007	1010万	566万	56.04%
2006	950万	546万	57.47%
2005	877万	504万	57.47%
2004	729万	447万	61.32%
2003	613万	382万	62.32%
2002	510万	320万	62.75%

续表

年份	参加高考人数	录取人数	录取率
2001	454万	268万	59.03%
2000	375万	221万	58.93%
1999	288万	160万	55.56%
1998	320万	108万	33.75%
1997	278万	100万	35.97%
1996	241万	97万	40.25%
1995	253万	93万	36.76%
1994	251万	90万	35.86%
1993	286万	98万	34.27%
1992	303万	75万	24.75%
1991	296万	62万	20.95%
1990	283万	61万	21.55%
1989	266万	60万	22.56%
1988	272万	67万	24.63%
1987	228万	62万	27.19%
1986	191万	57万	29.84%
1985	176万	62万	35.23%
1984	164万	48万	29.27%
1983	167万	39万	23.35%
1982	187万	32万	17.11%
1981	259万	28万	10.81%
1980	333万	28万	8.41%

续表

年份	参加高考人数	录取人数	录取率
1979	468万	28万	5.98%
1978	610万	40.2万	6.59%
1977	570万	27万	4.74%
数据来源:《全国教育事业发展统计公报》,《中国教育年鉴》			

1949年,新中国的高等教育还很不发达,当年的高校毕业生仅有2.1万人,非常稀缺,后来逐年增长。十年动乱时期,除去工农兵大学生之外,普通人几乎没有上大学的机会。1977年,中国恢复高考,由于当时国家的"干部年轻化"政策以及动乱期间各行各业的人才真空,这一批大学生毕业后,在掌握了当时稀缺的知识资本的前提下,几乎占据了各领域的优势地位,实现了人生的飞跃。从那时起,"大学生"这个群体,就成为了中国社会中的"天之骄子"。

之后,高考招生人数和录取比例虽然逐年提高,但仍旧是"千军万马过独木桥",伴随着中国的改革开放和暂时没有取消的"大学生分配制度",这一批大学生也因其足够的稀缺性和较高的起点,依然能通过"学习改变命运",不负"天之骄子"的盛名。

1999年,全国高校大规模扩招,高考录取率首次突破50%，大学生就业也逐渐从"包分配"过渡到"自主择业"，本科学历不再是社会稀缺资源，往日的天之骄子，已渐渐失落在风中。

所以，哪怕现在我们终于结束了十年寒窗苦读，终于告别了《5年高考，3年模拟》，踏进了大学的大门，你也无法安心过上高中老师口中"上了大学尽情玩"的生活。毕竟，我们都是普通人。

天才的确存在，但是少之又少，承认自己是普通人，并没有什么不好。既然大家都是普通人，那大多数人的差异其实表现在优势学科、工作方法和努力程度的不同上，面对同班的学霸和面霸，我们没必要过分恐惧；既然不是面对天才的碾压，那我们就可以通过理性设定一个个短期目标，通过正确方向上的努力赢得优势地位；既然知道自己是普通人，那正好可以抛弃幻想，按照普通人进步的科学路径规划自己的成长，通过在细分领域的长期积累，筑造个人发展的护城河；既然大家都是按照普通人的速率成长，距离也相差不多，那么唯一能让我们更快接近终点的方式，就是早一点开始。

"天之骄子"们或许从入学那一刻就被上天选中，普通人虽然起点平平，却也同样有机会以平凡的资质，去做出不平凡的事业。

我们站在同一片天空下。

你好,普通人。

小结

1.承认自己是普通人并不是坏事,因为普通人也有属于自己的科学成长路径。放下所谓的虚荣,理性认识自我才是做出正确选择的前提;

2.伴随着高考扩招的稀释效应,大学生未必都是好学生,好学生也不一定是好员工。要认识到从学校到职场的巨大飞跃,把主要精力投入到对个人未来的塑造当中;

3.正确定位自己在人群中的相对位置,选对方向,持续发力,长期积累。通过五到十年的持续投入,尽快成长为细分专业领域的专家。

个人偏好:发现你的效用函数

> 任凭弱水三千,我只取一瓢饮。
> ——《红楼梦》第九十一回

经济学中有个概念,叫做"效用函数",教科书中的定义是"消费者在面对一个选择集时的偏好顺序"(The utility function represents a consumer's preference ordering over a choice set.——"Utility", Wikipedia)。我们同样可以这样类比，在进行人生选择时，面对相同的选择集合，不同人的"效用"是不同的（在经济学理论中往往体现为偏好程度，但在更宽泛的意义上，可以理解为满意程度或者幸福指数）。因此，了解自己的偏好，其实就是发现自己效用函数的过程。

对于没有经济学背景的读者来说，这段话或许仍旧有些抽象。形象些说，偏好就是"弱水三千，只取一瓢"，是"为了一棵矮椰树，放弃了整片森林"，是"那些人都是很好很好的，可是我偏偏不喜欢"。

在职业规划这个问题上，很多人喜欢说一句话，叫作"Follow Your Heart"。这里的本心，其实就是效用函数。要拆解你的效用函数，需要观察几个要素。

第一个要素是价值观。亲情重要还是爱情重要？事业为重还是家庭为重？生如夏花还是人生苦短？你妈和你对象掉水里了你到底救谁？不同的价值观决定了不同的人生答案。在不违反公序良俗的前提下，大多数的价值判断其实没有对错之分，但是我们需要意识到人与人之间的巨大差异，对他人的价值判断，要尊重而不盲从；对自己的价值选择，要敢于坚持并勇于实践。你的幸福，没有人为你买单。

第二个要素是时间观。时间观的意思是，未来的"效用"对你来说，会打多少折扣。简单来说，有的人活在当下，信奉"今朝有酒今朝醉"，那他的"折现率"就会非常高，未来的享受对于现在的他来说没有太多价值。这样的人往往会选择即时激励比较明显的工作，或者闲暇较多的工作，毕竟有命赚钱也要有时间花才行；有的人目光长远，追求的是"笑到最后，方能笑傲江湖"，这样的人"折现率"比较低，就会愿意隐忍坚持，憋到最后，放个大招。现在很多互联网公司普遍设置给员工的股权激励机制，对于这样的人就更有吸引力。认识自己的时间观，也能帮你更好地选择更适合的生活和激励模式。

第三个要素是风险观。为解释风险观，一个最常见的例子是，如果你有两个选项但是只有一次机会，前者是有50%的概率得到100块钱，而后者是有100%的概率得到50元钱。你会怎么选？有的人就是愿意为了50%甚至更小的概率和更大的收益而不断尝试，有的人却将波动性视为洪水猛兽。这就是人与人的不同，也是很多人的机会所在。不过，风险观不完全与性格相关，有时候也是由个人生活状态决定的，一个单身汉一人吃饱全家不饿，可能就会敢于All in，但是对于很多中产来说，生活运行在一个需要平衡的轨道上，上有老下有小，哪怕面对机会再心动，也很难豁得出去了。

小结

1.尊重他人，忠于自己，选的路适不适合，只有自己才知道，没有必要为了追随潮流而自欺欺人；

2.尝试从折现的视角去理解自己曾经的选择，了解自己的时间观，这可能是你做出很多选择的隐性原因；

3.人在年轻的时候，无论是尝试风险还是挑战自我，试错成本都相对较小，所以年轻人不怕失败，要敢于尝试。

综合能力："木桶理论"还是"孤峰理论"

在中国参加过高考的人，大多都很熟悉这样一个理论——一个木桶的盛水量是由其最短的一块木板决定的，而一个人或者一个组织的综合实力往往由其最薄弱的一处决定。这就是高中老师经常用来教育我们不要偏科的"木桶理论"，毕竟对于高考来说，语文再好也只有150分，如果数学不及格，恐怕也会与理想学校无缘。

"木桶理论"是一个来自管理学的概念，但是管理学当中还有一个对应理论，叫作"孤峰理论"，指的是企业的创新发展总是首先从一个点开始突破，而不是齐头并进，只有形成优势"孤峰"，才能持续突破，充分发挥优势项目的作用，进而取得全面的成功。这一理论的典型案例就是韩寒。这位曾经获得新概念作文大赛一等奖的叛逆小子，在留级之后，因为七门功课不及格从高中退学。数理化的确是没学好，但是他后来写作、赛车、拍电影，却活出了大多数人无法企及的精彩。

在这里，我们不探讨两个理论究竟孰优孰劣。因为在个人的发展中，这其实本来就是两种不同的个人发展风格，甚至可以说是两种不同模式的个人禀赋，或者是两种不同综合能力的分布模式。分布本身自然无所谓对错，但是综合能力模式与职业发展路径的匹配却至关重要。比如说在对知识的掌握上，如果你是一名记者，可能需要对某行业知识广泛涉猎没有盲区，"能听懂专家说话"；而对于学者来说，更关键的则是在细分领域上的精益钻研和持续贡献。

要了解自己的综合能力分布模式，需要从软技能和硬技能两方面着手，前者包含人际交往、沟通表达、书面写作甚至是个人仪表等部分；后者则代表专业知识、学习能力、身体素质和技术水平等内容。把与你相关的上述具体技能写下来，然后请信任的朋友、家人、老师来打分。经过平均之后的分数往往相对客观。这个分数就可以描述你的各项能力的相对值以及你综合能力的分布模式。我们也可以在这个模式的基础上，结合我们之前提到的个人效用函数和目标行业的能力要求，有针对性地提升自己的能力。

进行这样的测评还有一个好处，就是通过他人的评分了解自己的客观水平，同时有效地区分"擅长"和"爱好"。"擅长的事"是指别人学一个小时你只需要学20分钟的事情，而"爱好的事"门槛就低很多了，只要看起来有趣就可以。

有的读者可能会疑惑："兴趣"不是最好的老师吗？在很多时候的确是这样的，但更多时候，尤其是对于还未踏入社会的大学生来说，一个人的所谓"兴趣"往往是基于"不了解"：立志要做"中国脱口秀第一人"的小熊可能还从来没有在公共场合说过段子，他只是喜欢看《吐槽大会》罢了；想要从此以后活在二次元里再也不出来的小飞至今也没有学会视频剪辑软件，他只是Bilibili的"弹幕侠"罢了；总是说选择金融专业是被逼无奈、历史才是自己最爱的小札其实根本不想忍受学习历史的清苦，他只是觉得《明朝那些事儿》好看罢了。

这个世界上大多数的技能,哪怕看起来再云淡风轻,背后都是日复一日的刻意练习。选择自己擅长的事情去投入精力练习,就有机会在更短的时间取得更高的成就;而如果只是看起来兴趣盎然,一番热情之后往往是一地鸡毛,所谓"有兴趣"可能只不过是因为还没入门罢了。

小结

1."木桶理论"和"孤峰理论"各有所专,适合孤峰模式的人没有必要浪费时间补足自己的短板,适合木桶模式的人也无须强求一枝独秀;

2.要善于听取他人的建议和评价,无限拉近自我认知与客观现实之间的距离;

3.对于所谓兴趣,一定要早一点开始实践,这样哪怕是碰壁,也会早一些。然后就会让我们理智起来,让擅长的归擅长,兴趣的归兴趣。

课后问答:

大学四年该静心学习还是琢磨工作?

太长不看,先说答案。

思考职业发展和静心学习并不矛盾,而且对于大多数普通人来说，思考自己未来的职业发展，是更加努力学习的有效动力，而不是相反。

在梁文道的新节目《八分》中，李诞和"道长"有过一次对谈，两个人在关于"职业规划"的问题上同仇敌忾：他们认为"职业规划是一个荒唐的事情，不合逻辑"，李诞还痛斥那些教人做职业规划的人都是"坏人""骗子"。正在辛辛苦苦撰写一本职业规划说明书的我，面对着两个大咖"你到底是何居心"的质疑，瞬间感受到了一万点暴击。

不过，"暴击"之后我还是想勇敢反驳一下两位"大佬"，探讨一下为什么我们觉得职业规划是必要的。是的，人生无法规划，充满了偶然性和随机性，但对于目标的追寻却无须回避，甚至是非常必要的。即便是推崇"人间不值得"的李诞，也在不断修正着自己想要什么，不想要什么，这难道不也是一种追寻吗？至少，我眼中的职业规划，是用相对科学的方法和清晰的逻辑去追寻人生的目标。我们并不想自诩为人生导师，只是想和你们一起，认识世界，了解自己。

所以回到问题本身，对职业发展的思考，首先能够解决学习的驱动力问题。姑且粗浅地总结一下，我们可以把学生的学习动力分为以下几种：

第一类，*兴趣驱动型*。这一类人能够明确自己感兴趣的方向，比如，学财政的同学对税收制度感兴趣，学自动化的同学对人工智能感兴趣，学中文的同学对小说写作感兴趣，等等。虽然我们的生活中总是有这样的人，但大多数人对这种状态还是只能抱有一种向往的态度。毕竟，很多人还处在不太了解自己兴趣的状态。

如果你很幸运地进入了这个类别，那祝贺你，你可能只需要了解一下你这个兴趣方向的就业情况，然后想办法实现你的就业目标就可以了。比如说，表演系毕业有戏拍，中文系毕业能做编辑，计算机毕业做码农，等等。当然，我们也衷心希望，你能像热爱你的兴趣一样热爱这份工作。然而，上述几个例子中的描述只是小概率事件，如果你声乐系毕业热爱舞台但是却做了小学音乐老师，如果你经济系毕业喜欢理论却做了公司财务，如果你工程学专业毕业想做研发却要去工地监工，那你可能就要想一下该如何将职业发展和你的兴趣结合在一起了。因此，哪怕你已经明确了自己在专业上的兴趣所在，尽早地考虑可能的工作机会以及相关职位跟自己的匹配度，也是非常有必要的。

第二类，*生存/家长/稳定驱动型*。第二类同学虽然不常出现在我们的叙述里，但却真实地出现在我们的生活中。不知从什么时候起,为所谓"兴趣""爱好"工作似乎变成了大众媒体口中的某种政治正确,而这种正确其实是一种"以偏概全"。"兴趣"是一种很奢侈的东西,并不是谁都承担得起,更不是谁都能有幸遇见。如果遇不见呢?那还是要先解决生存问题。

我冒昧猜测一下,提出这种问题的人对大学可能有一个共同的印象,那就是"包分配"。在这样的前提下,当然可以"安静"地读书。可惜时过境迁,现在的就业市场竞争异常激烈,名校、高学历甚至满满的简历都无法保障一个"理想"抑或"及格"的工作。如果这个时候还在追求"安安静静",要么的确是条件太好不需要担心,要么就只能在真正就业时遭遇碾压了。

第三类,发展驱动型。这一类同学的特点是对自己未来的发展有很高要求,但在具体执行的时候会遇到一些障碍和盲区,那么这些问题也将是我们在后面的内容当中会着重解决的,我们也希望我们的读者能对自己的发展有所要求。

有目标是好事,但是要避免"心比天高,命比纸薄"。再高的目标,再大的成就,都可以转化成为一步一步的具体工作。而第一步,就是从踏入大学的第一天就要开始思考未来自己想要从事的行业。思考不一定有结论,但不思考一定找不到答案。一个好的问题，比好的答案更重要。知道了要去哪，你的行动才会更有针对性，学习起来，无论是否安静，想必都会更有动力。

回到开头那个例子，李诞的话当然有道理：命运的确无常，无论你一路如何"兢兢业业"，一个人还是有可能在40岁时从人生赢家变成中年loser；一个人可能享尽了大公司的光环和福利，却发现它竟然在短短的几年时间中被并购解体。的确有很多人生的玩笑让你哭笑不得，的确有很多命运里的黑天鹅让你猝不及防，如果生活就是如此无常，那些准备和思考就显得有些可笑。

是的，哪怕你从大一开始就努力寻找适合自己的职业路径，我们也无法保证1+1就一定能等于2，但是一旦我们有了关于自我和人生道路的思考这个1，我们就获得了未来取得10或者100的，更大的可能性。

我们都是普通人，既没有李诞这样的运气，也未必会被无常如此"关照"。那么，我们还是从题海中探起身，开始找寻一下自己的方向吧。

第二章　未来已来

小米创始人雷军曾经说过"站在风口上，猪都可以飞起来"。据说当时雷军的话还有后半句"长出一对小翅膀，就能飞得更高"。如同许多名言一样，大众只是选择性地记住了他们认为最有道理、最为震撼的一小部分。毕竟，谁都希望那头站在风口上御风而起的猪，就是自己。

把"风口"换成听上去更高级的名词就是"趋势"。那么，对趋势的理解，在职业生涯的选择中究竟有多重要呢？可以说大多数人并不太看重对"趋势"的判断，实际上趋势是相当重要的。湖畔大学导师、人称中关村第一才女的梁宁女士在"得到APP"[①]的《产品思维30讲》系列课程中曾经举过这样一个例子：

---

① 一款提供线上知识学习平台的手机应用

有一对双胞胎，在2010年一起大学毕业，一个加入腾讯，一个进入报社。7年之后，去腾讯的那位已经是年薪百万，而且满街都是挖他的猎头。投资人也在挖他，只要出来创业就可以提供投资。去报社的那位，因为报社沉沦了，他曾经寄托理想的整个产业都没有了，一切都需要重来。

梁宁指出，造成这种差别的并不是双胞胎的素质、能力，或者说遇到的领导、个人操守有什么重大不同，而是因为个人所在的单位所附着的经济体不同，"一个在快速崛起，一个在快速崩溃"。梁宁同时提出了"点线面体"的概念，无论是产品设计还是投资决策，都需要战略判断。比一个点的单独改进或努力更重要的，是选择正确的经济体和成长周期。

当然，肯定会有人对梁宁讲的"故事"提出质疑：留在报社的那个也未必会沉沦，毕竟，在新媒体行业刚刚兴起的时候，最先拿下头部流量红利的，有一部分就是来自传统媒体的优秀人才，而在新媒体行业蔚然成势之时，也是传统媒体"正规军"的转型期，"正规军"的加入迅速提升了整个行业的标准和质量。我在第一次听到这个例子的时候也有类似的疑问，但仔细一想对于体量庞大的传统媒体从业人员来说，真正能实现转型的只有少数。而这些少数派，即使一开始选择了传统行业，也能够比自己的同行更早地看到媒体转型的"趋势"，及时转型，实现自己职业生涯的跨越。

套用"点线面体"理论，对大学生涯规划来说，点就是个人努力，线可以认为是所在的行业和公司，至于面和体就是身处的国家与时代。后两者就是本节要展开讨论的"趋势"。

趋势1："消灭你与你无关"——科技普及

"消灭你与你无关"这句极具传播力的金句，出自刘慈欣的科幻小说《三体》，近些年被频繁地应用在各种商业场景。诸如：打败康师傅方便面的不是统一方便面，而是饿了么外卖；打败口香糖的不是薄荷糖，而是游戏王者荣耀；打败Walkman①的不是CD Walkman，而是智能手机……我们深入挖掘这些案例的本质，就会发现科学技术的大规模普及对经济、社会与生活方方面面的影响。

---

① 音乐随身听

我无意在此展开长篇大论，仅用能直观感受的智能手机为例。以2007年苹果公司推出第一部iPhone为起点，智能手机的发展历史只有十几年，截至2018年智能手机用户已经超过30亿①。同时今天一部iPhone 7手机的计算速度是20年前击败国际象棋世界冠军卡斯帕罗夫的IBM深蓝的2000倍。深蓝是当时IBM作为全世界最顶尖的科技公司全力打造出的国际象棋电脑。你也没有看错，计算速度的差异不是2倍、20倍、200倍，而是2000倍！科技发展与普及这一观点已是老生常谈，但是我相信，如此迅猛的发展速度仍旧会让身处发展"高速路"上的你感受到一丝丝震撼。

前Google智能搜索科学家吴军先生在《智能时代》一书中写道"在历次技术革命中，一个人、一个企业，甚至一个国家，可以选择的道路只有两条：要么进入前2%的行列，要么被淘汰。抱怨是没有用的。"无论你是否理解或者情愿，科技已经并且将继续以史无前例的力度与速度影响一切，当然，包括职场在内。

每一次科技革命，对职场的影响都直接体现在对原有岗位的替代上。当汽车普及之后，马车夫必然会大规模失业；当机械手臂被大规模引进之后，生产线上的工人数量

---

① Newzoo 2018年全球移动市场报告。

也会大幅度减少。但是这一轮以A（人工智能）、B（区块链）、C（云计算）、D（大数据）为标志的科技进步展现出了全新的特征，可能会取代一些传统认知中高门槛的所谓"金领"的岗位。

以会计行业为例，我们印象中的会计师总是西装革履地坐在高大上的办公室里，随随便便做一本账就能左右公司的经营状态。但是究其本质，大部分会计人员的工作，只是对信息的搜集和再整理，衡量其工作的标准是不出错。显然，这是机器更擅长的工作。全球四大会计师事务所之一的德勤内部已经开始应用人工智能处理财务工作，工作效果不仅更快更准确，而且7×24小时全天候不需要休息。

再以医护行业为例，无论中医西医，我们通常认为"老大夫"的医术更好更加值得信赖，其本质是因为"老大夫"有更多经验，这种经验来源于多年的学习和实践。可是一个人的学习速度再快也无法与计算机相比。早在2012年，Google科学比赛的第一名就授予了一位来自威斯康星的高中生，她用机器学习了760万个乳腺癌患者样本数据，设计了一种确定乳腺癌癌细胞位置的算法，准确率高达96%，远远超过一般的专科医生水平。毕竟，任何一位医生穷其一生都不可能学习完760万个病例。

如果正在读本书的你还是在校学生（或者在校学生的家长），那么当你（或你的孩子）走出校园，机器替代人工这一现象毫无疑问将越发显著。当然我并不是试图在这里散播任何的恐慌或者焦虑，实际上仍有大量工作难以被替代，何况新技术所创造的新岗位数量也十分可观，问题的关键在于，这样的岗位是否属于你。

2017年年末，BBC基于剑桥大学研究者Michael Osborne和Carl Frey的数据体系分析了365个职业在未来的"被淘汰概率"，其中最有可能被替代的岗位和最不可能被替代的岗位如下：

表2 最有可能被替代的岗位（前十位）

排名	岗位	被淘汰率
1	电话推销员	99.0%
2	打字员	98.5%
3	会计	97.6%
4	保险业务员	97.0%
5	银行职员	96.8%
6	政府职员	96.8%
7	接线员	96.5%
8	前台	95.6%
9	客服	91.0%
10	人事	89.7%

表3 最不可能被替代的岗位(前十位)

排名	岗位	被淘汰率
1	酒店管理者	0.4%
2	教师	0.4%
3	心理医生	0.7%
4	公关	1.4%
5	建筑师	1.8%
6	牙医、理疗师	2.1%
7	律师、法官	3.5%
8	艺术家/音乐家/科学家	3.8%/4.5%/6.2%
9	健身教练	7.5%
10	保姆	8.0%

两相对照你是否发现了其中的门道呢？简单重复、没有增值同时最关注准确性的工作更容易被替代，而需要处理复杂多变情况、需要与其他人进行交互、强调创意与个性的工作则暂时没有被淘汰之忧。

科技发展往往可以通俗解释为器官的增强或者延伸，比如望远镜之于双眼、飞机之于双脚，人工智能的发展甚至可以替代一部分大脑的功能，但人之所以为人，是因为我们可以拥有机器无法模拟的多彩个性和丰富情感。

> 小结

1.科技发展与普及是不可逆转的趋势，将对包括职场在内的一切环境产生深刻影响；

2.人工智能将替代大量工作岗位，甚至包括一些传统意义上的"好工作"；

3.需要处理复杂多变情况、需要经常与其他人进行交互、强调创意与个性的工作暂时还没有被淘汰之忧。

趋势2：没有"铁饭碗"只有不愁饭碗的人——平台+个人

在关于未来工作这件事情上，相信很多人都从父母与其他长辈口中听到过这样的"谆谆教诲"——"找一个铁饭碗旱涝保收，不求飞黄腾达，但求安安稳稳"。但听到这句话的年轻人能给予的最大善意很可能就是回复一个尴尬而不失礼貌的微笑。从主观上说，应该很少有年轻人会把"安安稳稳"当作人生追求；从客观上来说，是因为这个时代正在发生重大的变化。

曾经有人做了一个关于世界500强的平均寿命的

调查，在2010年的时候世界500强的平均寿命是35年，而你的职业寿命是多长？现在的人平均25岁工作，到60岁退休一共35年。你的职业寿命跟一家世界500强的平均寿命一样：一毕业就创业，一创业就干成了世界500强，退休前一天公司就倒闭了。这还算运气好的，中国中小企业的平均寿命是2.97年。所以你发现今天的公司里待三年就叫元老了，五年就算恐龙了，六年就是老恐龙了。中关村的企业寿命更短一些，0.95年，所以你能开到年会就很不错了，拿到年终奖简直太幸运了。

所以在这样一个连世界500强平均寿命都只有35年时间的时代里，你的命越来越长，公司的命却越来越短，每个人都明白不能把一辈子再押在一个组织之上。

以上是新精英生涯创始人古典先生在2016年一次演讲中提到的内容，今天看来仍然深刻。并不是这一代人天生就不安分，而是在人类寿命越来越长而公司寿命越来越短的时代，职业转换几乎是我们每个人都要面对的必然。

当然，这个时代发生的变化还不止于此。

表 4 全球市值排名前十公司列表①

排名	2005年				排名	2019年			
	中文常用名	所属国家	主要业务	市值（亿美元）		中文常用名	所属国家	主要业务	市值（亿美元）
1	通用电气	美国	多元化	3774	1	苹果	美国	计算机办公设备	11836
2	埃克森美孚	美国	炼油	3611	2	微软	美国	计算机软件	11537
3	微软	美国	计算机软件	2947	3	谷歌	美国	网络服务和零售	9012
4	花旗集团	美国	银行	2456	4	亚马逊	美国	互联网电商	8795
5	英国石油	英国	炼油	2362	5	脸书（Facebook）	美国	网络社交	5698
6	壳牌石油	美国	炼油	2118	6	伯克希尔哈撒韦	美国	保险投资	5357
7	沃尔玛	美国	零售	2021	7	阿里巴巴	中国	互联网	5110
8	宝洁	美国	家用化学	1954	8	腾讯	中国	互联网	4135
9	美国银行	美国	银行	1842	9	摩根大通	美国	金融	4124
10	强生	美国	制药	1837	10	强生	美国	制药	3610

① 数据根据公开资料整理。

以上这张表是全世界市值排名前十的公司名单，分别在2005年与2019年11月的情况。从跨度为14年的对比当中，你发现了什么现象呢？

——除了微软和强生依然顽强上榜之外，80%的企业都换了，看来公司经营不易；

——市值普遍大幅度增长，看来经济总的趋势还是增长的；

——有中国公司出现了，那是相当自豪呢！

还有呢？在2019年11月的名单当中，苹果、微软、谷歌、亚马逊、脸书（Facebook）、阿里巴巴、腾讯这7家公司都是互联网科技巨头，它们还有一个名字叫作"平台型公司"。

什么是平台呢？《连线》（Wired）杂志创始主编、《失控》作者凯文·凯利（Kevin Kelly）在2017年国际众创周末活动上解析未来科技的十大趋势时提供了一段回答，我认为这是对平台最通俗也最精准的描述：

> Uber是全球最大的出租车公司，但是它没有车。
> Facebook是全球最大的社交媒体，但它自己不产出内容。
> 阿里巴巴是全球最大的零售商，但是它自己是没

有库存的。

Airbnb是全球最大的酒店集团，但是它自己没有酒店。

从个人角度来理解：我只需要有一辆车，就可以在优步（Uber）上成为司机；我只要能写能说，就可以在脸书（Facebook）上成为作者。以此类推，"平台+个人"这一组织模式正在全方位渗透人类的生活。比如在淘宝开店：哪怕只有一个人，只要你有好的货源，就可以轻松注册开店。而淘宝作为平台可以提供完整的商品展示、客户管理、交易支付、精准营销等一系列工具。再比如自媒体领域，以前如果有人希望以文字为生，只能入职大媒体公司或者一次次地向媒体平台投稿，直到被编辑相中才有机会发表。现如今，平台众多，微信公众号、微博、头条、抖音，只要你有足够独特、优质的内容，就不怕没有渠道让大众知晓。法桐老师在做职业咨询时就遇到过一些年轻人，他们每个月为固定的自媒体写几篇稿子就足以养活自己，省下来的时间就可以安心去琢磨自己感兴趣的事情。

需要注意的是，"平台+个人"模式的出现并不意味着"随随便便就能成功"，平台虽然开放，但要想取得超越平均值的成绩，对个人能力的要求仍旧很高。公众号"罗辑思维"与"得到"APP的创始人罗振宇，在投身自媒体之前，是央视财经频道总策划，出品过《经济与法》《对话》等一系列王牌节目。"得到"APP的王牌课程之———"薛兆丰的经济学课"。这门课的主讲人薛兆丰曾是北京大学国家发展研究院教授，在2006年已经被《南方人物周刊》评为"中国十大青年领袖"。可以看到，无论是罗振宇还是薛兆丰，能够在传统机构和平台时代都取得成就的原因，还是在于他们不断积累的专业能力和个人优势，再通过平台得到进一步放大，实现了个人影响力的爆炸型增长。

因此，对"平台＋个人"这一组织模式更为精准的描述是，具备独特优势的个人，通过相应的平台，在为社会创造价值的同时也实现个人价值的最大化。可见，拥有"独特优势"是关键前提。那么如何才能形成自己的独特优势呢？我们先来看看"乡村教师"马云2018年说过的一段话：

> 2018年11月22日，阿里巴巴集团组织一年一度的"校友会"活动，欢迎那些已经从阿里"毕业"的同学回到公司看一看，聚一聚。马云在给校友们上课

时提到,"当年我们有一个理想,说未来中国的500强中,有200个CEO来自阿里巴巴,现在我要稍微调整一下,未来中国的500个好公司中,有200个CEO来自阿里巴巴。"

从这段话里,你学到了什么吗?即使你有心创业,除开极少数不世出的天才,更好的策略是先进入优秀公司或者组织学习。从整个职业生涯的大视角来看,求职者的最佳策略不再是找到一家所谓"好公司""托付终身",而是带着与公司共同成长的心态,在深刻地实践与思考中磨练出自己的"独特优势"。

"铁饭碗"不常有,而具备"独特优势"的人根本不愁饭碗。

小结

1.在人类寿命越来越长而公司寿命越来越短的时代,职业转换几乎是我们每个人都要面对的必然;

2.具备独特优势的个人,通过匹配的平台,为社会创造价值的同时也可以实现个人价值的最大化;

3.独特优势通常来自在优秀公司和组织里的深刻实践和思考,"铁饭碗"不常有,而具备"独特优势"的人根本不愁饭碗。

趋势3：中国拥有超过3亿的中等收入人群——all in中国

2019年农历春节，日本首相安倍晋三登上了热搜榜。他通过视频向中国人民拜年，这在历史上是第一次。视频一开场，他就用汉语给中国人民送上问候，"大家过年好"。同时他还提到一个数据，在2018年前往日本旅游的中国游客史无前例地超过了830万人次。如果每个游客平均消费2万元，那么带来的直接经济价值就超过1600亿元。实际上，中国人前往日本旅行并不是孤立现象。根据中商产业研究院的统计数据，2018年我国出境游人数高达1.5亿，与6年前2012年的0.83亿相比，几乎增长了1倍。随着经济发展，特别是90后乃至00后们的消费观念更加前卫，出境游人数在可见的未来必将有增无减[①]。

上面的数据仅揭示了中国庞大消费市场的冰山一角。

---

① 《2018年我国出入境旅游市场综述：国际旅游收入达1271亿美元》，https://baijiahao.baidu.com/s?id=1625620680603416599&wfr=spider&for=pc。

尽管不同的统计口径和方法会造成一些差异，但是中国拥有超过3亿的中等收入人口这件事是可以达成共识的，乐观估计这个数字未来会超过5亿。即使以3亿计算，也等同于美国整个国家的人口数量，这将是前所未有的巨大机遇。

也许你会说，这是不是太宏观了，我们就想找工作不用琢磨这么多吧？那我们先轻松一下，来看一个段子。

> 有一个北京爷们儿，1984年为了圆出国梦，卖了鼓楼大街一个四合院的房子，凑了30万元，背到意大利淘金。风餐雨宿，大雪送外卖，夜半学外语，在贫民区被抢7次被打3次，辛苦节俭，如今已两鬓苍苍，30年了，终于攒下100万欧元（人民币800万元）打算回国养老享受荣华。一回北京，发现当年卖掉的四合院现中介挂牌1个亿，刹那间崩溃了……

这则段子的内在逻辑就可以用前面提到的"点线面体"理论来解释。支撑房价快速上涨的是整个中国经济体的高速发展，和整个中国经济体的发展相比，个人的单点努力是微不足道的。我还想提出一个近些年大学生求职市场上越来越明显的现象与你探讨，那就是不知从何时起，外企已经不再是"金领"的代名词。

如何在外企、国企、民企三者之间做选择一定是许多同学纠结的问题。曾几何时,毕业进入外资企业,就代表着高薪高福利,是毕业生的首选。不过我们可以从数据来观察形势的变化。从2002年起,中华英才网每年都会发布"中国大学生最佳雇主调查"。2009年是标志性的一年,当年国企在前50强中达29家,占58%,这是该项目调查7年来国企数量首次超过外企。此后外企占比再也未能反超国企。以具有典型意义的北大清华两校毕业生为例,2017年总计有66.8%的毕业生进入企业单位,国企、民企、外企占比分别为32.3%、29.4%、5%。与之形成鲜明对照的是,2018年世界500强企业当中,中国企业数量已经达到120个。距离第一名美国的126个,咫尺之遥。

越来越显著的重要趋势是,中国即将形成全世界有史以来最大的消费市场,滋养在这片土地上扎根的企业。甚至有的国家把经济发展的部分动力寄望于中国。如果你仍然认为这样的宏观形势还与你无关,我想只有"身在福中不知福"这句老话可以用来形容你了。

近些年来,海归也不再是好工作的保证。一方面是因为海归人数大幅度增加,不再稀缺。另一方面,中国的变化和发展速度太快,海归虽然了解国外对应专业的知识技能，却缺乏对国内市场的了解，适应周期长。还有一个很有意思的现象，有出国经历的人往往会变得更爱国。今天的中国当然不完美，但是以中国人口体量之大、政治环境之稳定、基础设施之完善、科技应用之普及同时还能保持中高速经济增长在全世界范围内，绝无仅有。以就业为例，尽管几乎每年都号称"史上最难就业年"，但今天的中国每年新增就业岗位仍然在1000万以上。放眼全球，即使是意大利这样GDP排名稳定在世界前十位的老牌发达国家，青年失业率仍常年高达1/3——幸福感往往来自直接的对比。

坚定地相信中国的未来，把自己最重要的资本，也就是整个职业生涯，押注在那些在中国市场上蓬勃发展的行业与占有优势的公司身上，这应当是我们这一代人一生的机遇。我不知道人间是否值得，但是职业生涯all in中国，值得！

小结

1. 中国巨大的中等收入人群将形成人类历史上最大的消费市场；

2. 只有把握住这样趋势的企业和个人才能够在未来的竞争中胜出；

3.中国,我们的祖国,值得all in整个职业生涯,这是我们这一代人一生的机遇和幸运。

? 课后问答:

现在的专业我不喜欢/不热门/不满意怎么办?

"很多时候,你对其他专业/大学/城市的所谓喜欢,往往是因为不了解。"

这是我在工作中经常和学生说的一句话,因为很多人都在抱怨对自己专业的不满意,也许是因为父母意志,也许是因为错误认知,也许是因为专业调剂,对专业的不满甚至成为了一种潮流,在每一届学生当中蔓延。

于是,我们常常会听到:"如果,我当时去了××专业/学校/城市,就好了……"

可事实的真相却是,你现在认为的好专业,只是因为你还没去,因为你还不了解。一旦你深入了解了它,你或许会产生更多的抱怨。对大多数人来说,任何一个选择都是有利有弊的,一旦我们尝试转换视角,观察的结果就会很不一样。

另外,这句"经典抱怨"背后,其实隐藏着一种人性的懒惰,因为这个焦虑背后的前提是:

专业的方向是确定而缺乏弹性的,知识的学习是短期而非长期的,一旦"我"失去了现在的学习机会,我就再也没有机会了;而如果我选到了一个更满意/更喜欢/更火的专业,我就一定可以过上幸福/有前途/我喜欢的生活……

生活本身就是一个复杂系统,如果把自己未来所有的发展,寄托在一次专业的选择上,并且认为只要选择正确,就可以高枕无忧,一劳永逸,那就只能"呵呵"了。

错误前提下的问题是无法得出正确结论的,所以我们先来解构一下这个前提:

> 同一个学校,同一个专业,毕业生的未来发展,千差万别。

如果你觉得只要选择了一个所谓"好专业"就能如何如何,只要看一下同专业的毕业生去向就可以了。你会发现,即使是同一个学校同一个专业的同学,毕业时的去向也是千差万别,且不说同一个专业之内必然存在的先后排名导致的去向不同,对同一个专业的不同理解,也会导致选择的多样化,而选择的多样也会带来巨大的不确定性。

也就是说，即使我们削尖了脑袋，挤进了所谓"最火最好"的专业，我们依然需要在专业中努力争取上游，依然要在未来的选择中面临激烈的竞争和巨大的不确定性。那么，所谓的"火"或者"好"，还依然如此重要吗？

另外，我们在第一部分的"未来已来"部分里已经反复强调，我们当下是学习型社会，学校的学习只是开始，文凭只是门槛，之前所有的工作都是起跑线之前的准备，之后的学习、锻炼和成长，才是人生赛道上的轨迹。反过来说，无论我们在专业上的起点有多好，我们都无法得到一个"一劳永逸"的生活，无论一开始选择了什么专业，奋斗的压力都不会小。

当然，是否存在真的"不好"的专业呢？其实也是有的，这就是"不合适"的专业。

我们在面对这个问题的时候，一定要分清楚，不喜欢和不擅长：不喜欢，调整一下心态，转换一下方式，甚至同时兼顾两个专业，都还有可能；而不擅长，则说明这件事情、这个专业你的确做不好，那么这个时候，只能尽早和你的专业说再见了。二者判断的标准，都是在认真学习的前提下，你能否从本专业"顺利毕业"。随着教育部对高校教育管理的进一步加强，本科和研究生学生毕业率也逐渐降低，能否顺利毕业反倒是大家在专业选择上需要考虑的重要部分。否则，仅是毕业的压力或者退学的恐惧，就足以让一个人陷入长期的负面情绪，进而引发负面的连锁反应。

所以，专业是否适合自己，拥有比专业火不火更重要的优先级。

小结

1.一个"适合"自己的专业，的确是非常重要的，但对学生日后能否长期良性发展的决定性而言，所谓专业好坏的选择，仍旧属于"既不充分也不必要条件"；

2.如果你真的有擅长或者喜欢的专业，可以选择转专业、考研换专业或者毕业直接从事相关工作，只要原专业能顺利毕业，专业的选择本身至少不会成为发展的阻力，反而让你有可能成为"跨界人才"；

3.马上去做，无论如何选择，行动都是最有效的检验手段。

第三章 体制内外

选择体制内外会受到太多因素的影响,并不存在所谓的正确答案,但是我们需要尽量获取正确的信息,避免信息不对称。

另外,通常我们说的所谓"体制内"的工作主要包括政府部门和事业单位,"体制外"则主要包括外企和民企等市场化部门。国企则兼有行政级别和市场化的双重特点,但是从职场新人的角度来看,我们在本书中,暂且将国企归结到体制外的范畴中。

体制内:政府部门和事业单位

在实际工作中我们发现,很多同学会对体制内的工作产生很多"误解":一是觉得太单调,没意思;二是觉得太复杂,不理解。之所以称之为"误解",是因为这两种认识都过多地强调了工作中的"情绪",而忽略了体制内工作的"使命"和"业务"。

古语有云:"取法乎上,得乎其中。"正确认识工作的使命感,是我们做好工作的重要前提。根据马斯洛的需求理论,最上层的需求才是"自我实现",而体制内的工作岗位,由于肩负了更多的社会责任和国家使命,恰恰是中国最能体现个人价值的职位,而随着体制改革的进一步深化,越来越多传说中"一张报纸一杯茶"的公务员岗位,转变成了技术性专业性的岗位。因此,在进入体制内工作时,首要考虑的应该是这个岗位的社会价值,只有抱着一颗"为国为民"的赤子之心进入体制,才有可能在未来实现这份工作的最大价值。

当我们决定采用"自我实现"的视角去看待体制内的工作时,很多问题也就不再是问题了。

表5 2009—2019年国家公务员考试报名人数统计

年份	招考职位	招录人数	审核通过	参考人数	最终比例
2019	9657	14537	127.19万	92万	63∶1
2018	16144	28533	165.97万	113.4万	40∶1
2017	15589	27061	148.63万	98.4万	36∶1
2016	15659	27817	139.46万	93万	33∶1
2015	13474	22248	129万	90万	41∶1

续表

年份	招考职位	招录人数	审核通过	参考人数	最终比例
2014	11729	19538	152万	99万	40:1
2013	12901	20839	138.3万	111.7万	54:1
2012	10486	17941	130万	96万	54:1
2011	9763	15290	141.5万	90.2万	59:1
2010	9275	15526	144.3万	92.7万	60:1
2009	7556	13566	105.2万	77.5万	57:1
数据来源：国家公务员考试网。					

通过前文我们明确了，选择体制内工作是实现自我的重要途径，但是正是因为体制内的工作含金量高，往往机会少，竞争激烈。以2009年—2019年国家公务员考试报名人数统计表为例，最低的考录比例也高达33:1，而2019年的考录比例则更是高达63:1，足令很多人望而却步。以我的观察，公务员的选拔和工作对人的综合素质要求很高，主要体现在写作能力、学习能力和沟通能力三个方面，如果有志于此，可以对照以下几点进行准备。

写作能力

首先需要明确一点，这里的写作能力是指狭义的"公文写作能力"，诸如小说写作能力或者浪漫主义文风之类，当然也是个人的加分项,但并不包含在公务人员必备的"写作能力"之中。

从政府和公共事业部门工作性质的角度来讲,写作能力是完成相关工作最基本的能力,抛开公务员考试对"申论"的考查不谈,工作之后的各种文件起草、讲话总结、调查研究等任务,都时时刻刻考验着文字功底;从个人发展的角度来讲,公务人员的文字材料就是自己最鲜亮的"名片",因为书面材料能够不断传阅,长期留存;从工作提升角度来讲,规范的系统化的文字输出也是对党、政、公共部门工作的最有效的总结和提升。

那么如何提高写作能力呢?

关键在于思考和练习:前者强调对思维的训练,好的公文往往依赖严密的逻辑,清晰的构架则可以把信息准确地传递出去,没有一个经得起推敲的底层思路,就无法形成一篇有说服力的文章;后者则通过反复地输出与复盘,将阅读、思考、整理、写作这一系列工作内化为综合能力,从而实现从"挤牙膏"式写作向"厚积薄发"式写作的有效转化。

学习能力

随着时代的发展和国家治理能力的提升,公务员的工作早就告别了"喝喝茶,看看报纸"的时代,我的学生毕业以后进入商务部、外交部、发改委等国家部委工作的有之,在地方政府和公共部门工作的也不少,他们反馈回来的信息都是工作量相对饱和,工作要求不断提高,新事物新问题层出不穷,对我们的快速学习能力和跨学科学习能力提出了很高要求。

举个例子。据新华社报道,"2019年10月24日下午,中共中央政治局就区块链技术发展现状和趋势进行第十八次集体学习,中共中央总书记习近平在主持学习时强调,区块链技术的集成应用在新的技术革新和产业变革中起着重要作用"。此消息一出,区块链技术再次走到社会舆论的风口,引发了各级政府和各单位对于新技术新现象的关注和学习。

在这种情况下,相关公务人员必须要第一时间对相关内容进行理解、消化和应用,无论你原来的专业背景是中文、法律还是数学,如果没有足够的快速学习能力和跨学科学习能力,恐怕无法胜任相关工作,相反,如果你拥有非常扎实的专业背景知识体系,同时又能及时学习新的知识并且融会贯通,那么相信你一定会顺利完成公务人员的工作。

沟通能力

对很多工作来说，沟通能力是一个加分项，但对公务人员来说，这却是一个必选项。以基层公务员为例，如果驻村工作，就需要用朴素的语言和村民打交道，能够解决日常纠纷，也能够处理复杂问题；如果做信访工作，就要做到既能理解群众反映的问题，也能将最新的政策法规传递给群众，实现双向沟通；如果做机关工作，就要做到准确领会工作任务，积极沟通协调各部门，有效推动工作落实。

从技术层面讲，"如何提高沟通能力"这样的话题足够写上一本书，甚至十本书，但是从沟通的本质层面来讲，有效的沟通能力其实源于一个人对他人需求的关注和理解。这里的他人，可以是你的上级，可以是你的同事，也可以是你的服务对象，甚至可以是一个行政区乃至一个国家的所有公民。这个类别的工作，强调的是集体意识和服务意识，所以在进行选择的时候，也希望大家能结合自己的特质考虑：如果你是一个以自我为中心的、不考虑他人感受的人，那么你或许适合做一个艺术家，但你一定不适合"体制内"。

课后问答：

长辈们总是劝我考公务员，我应该听他们的吗？

中国领先的职业生涯教育机构的创始人古典先生关于职业的选择有一个三步走的基本模型：

——有什么，看见真实的世界。

——凭什么，打造核心竞争力。

——要什么，了解现阶段的人生需求。

在我看来，关于是否要考公务员的这个问题，尤其需要先考虑"有什么"这个因素。也就是说你应当先了解一下公务员工作和发展的真实情况。

通常你的父母或者长辈建议你考公务员。其实无论是快速地应承或者拒绝都不是理性的态度，不妨一起来探讨一下，我们考公务员的原因有哪些呢？

第一，工作岗位稳。如果去企业工作，置身于激烈的市场竞争当中，就要接受优胜劣汰的规则。特别是近些年来，经济形势变化无常，哪怕是曾经高高在上的国企、外企也不时爆出组织调整乃至裁员的新闻。而考上公务员则会相对稳定，尽管近年来工作量趋于饱和但不会轻易丢掉工作。然而，保住一份工作就是我们追求的职业生涯最高标准吗？在漫长的人生旅途当中，职业只是我们达到幸福状态的手段之一。理想的职业应当像电影版《哪吒》当中,太乙真人用来描绘《山河社稷图》的毛笔,能够描摹出五彩斑斓的人生。如果你选择一份工作的目的仅仅是保住这份工作,恐怕很难享受工作带来的成就感,也就无法支撑你用一生的时间来坚持。

第二,福利保障优。公务员为整个国家和社会的稳定运行服务。他们的基本收入和福利应当得到制度的保障。但是近些年,公务员制度也正在进行改革,大方向就是弥合与企业员工之间"双轨制"的差异。在所有福利当中,最为重要的当然就是住房。但实际上,公务员多年前就已经取消了福利分房制度,仅保留按照级别和年限定制的住房补贴制度。以国家部委集中的北京为例,许多工作多年的公务员仍然在为一套基本住房而奋斗。地方公务员面临的情况也是类似的,越是经济发展好市场化程度高的地区,因为公务员的身份得到住房优惠的可能性就越低。至于其他福利,在"八项规定"颁布并严格执行后,也是透明和有限的。从目前的情况来看,公务员在医疗和养老方面得到的保障的确会更好一些。但是与此同时,公务员的收入只能维持在略高于社会平均的水平。从整体上来看,公务员显然不能被划入高收入群体。

第三,社会地位高。中国自古就有"学而优则仕"的传统。每年的国家公务员考试被称为"国考",从某种程度上类似于古代的科举,承担着"为国选材"的职能。近些年来,国考与地方公务员考试都开始加大力度选拔优秀大学毕业生到基层到中西部地区工作和锻炼。我和法桐老师一位共同的好友Z,从清华大学研究生毕业之后,就毅然选择前往新疆工作成为一名基层公务员,用他的行动实践扛起了"到祖国最需要的地方去"的责任担当。像Z一样用自己的青春和热血服务于公共事业的年轻人当然应该成为公众尊敬的对象。需要注意的是,如前所述,成为一名公务员就不要以"赚钱"为自己的人生目标。类似于鲁迅先生笔下,家乡人以为的"放了道台"就等于阔绰生活,这种可能性几乎是没有的。

作为一名体制内的大学"青椒"(青年教师),我有许多公务员朋友,也有很多学生进入了公务员的队伍。工作至今已有十年,有人离开,更多的人还在坚持。无问东西,没有对错之分。让我们坚持下来的理由一定是梦想、成就感和期待。引用2019年爆款电视剧《长安十二时辰》里的金句"每个人都要为自己的选择负责"。职业的选择应当基于客观事实,而非自己的想象。

体制外：国企、民企和外企

首先需要解释一下，许多国企也是有行政级别的，为什么我将其归入到"体制外"的范围。我认为，国有企业终究是企业，与政府、事业单位在整个社会经济演进当中扮演的角色是不同的，更合适与外企、民企放在一起对照比较。当然这是为了表达个人观点的方便，并非通用的定论。

实际上我们衡量和判断一家企业的优劣，更应当关注诸如行业前景、经营战略、管理效率等基本因素。我们生长在中国，因为历史的原因，天然地形成了国企、外企和民企三种类型。它们的差别本质上仅仅在于所有制的不同，但是许多大学生会以惯性思维对这三者加以区分。为了厘清，下面将从起薪水平、竞争压力、成长空间三个方面来分析。需要提醒的是，这样的分析是以忽略企业所属行业、地域分布等基本因素为前提的，只是一种笼统乃至粗暴的比较。比结论更有参考价值的是分析过程本身。

起薪水平：外企＞国企＞民企

再次强调，这里探讨的是针对应届生的起薪。大多数外资企业拥有悠久的历史，成熟的经营模式，很长时间里在中国市场上享受着超国民待遇，企业利润丰厚而稳定。外资企业往往非常愿意招收应届生，认为他们可塑性更好。但是通常招聘门槛比较高，对学历和学校更为在意，相应地给出的薪酬水平也十分具有竞争力。国有企业整体的薪酬政策是非市场化的，许多国企高管的工资水平也并不高，能够给到应届生的就更加有限了。但是客观讲，国有企业的员工能够享受到一些非货币化的待遇。比如说落户、员工宿舍乃至企业内部的运动场等等。如果把这些待遇也折算成收入，也是不小的数字。再来看民营企业，2018年习近平总书记就引用了"五六七八九"来概括民营企业的作用："民营经济贡献了50%以上的税收，60%以上的GDP，70%以上的技术创新成果，80%以上的城镇劳动就业，90%以上的企业数量。"也就是说，绝大多数同学是要到民企就业的，这是客观的事实。相对而言，民企能够给出的起薪通常是偏低的。我们要理解其本质原因未必是给不起，而是所有制天然决定了民企对其每一笔花费都更加注重投入产出比，尤其是对员工工资的关注度最高，这是企业经营的生命线。在民企想要拿到高收入，需要充分证明你的能力和业绩。

很多同学都知道起薪很重要，但是什么更重要呢？关于薪酬，我希望引入的概念是全职业生涯周期的总收入。我们应当追求的不是第一份工作的起薪最高，而是总收入最大。哪怕觉得职业生涯太过遥远，那么毕业后，五年的总收入最高也是一个合理的目标。经济学家薛兆丰曾经以司机、网红和教师三种职业为例，把总收入这个概念讲得简洁明了。司机的收入曲线是一条平线，提供的是无差别的劳动，所以剔除物价变动等因素，获得收入不会因为时间变化而变化。网红的收入曲线是先高后低，因为大部分网红是吃青春饭的，当靓丽的容颜不再，收入也会从高峰往下降。而教师的收入曲线是先低后高，因为年纪越大经验越丰富，教学科研水平提高后收入是同步提高的。最好的策略是什么呢？那就是年轻时候做网红，年纪大了做教师呗。这不是玩笑话，而是一种可以真实追求的状态。教师年纪越大越值钱是因为对应的岗位技能会随着时间推移而增值。回过头来，当我们充分理解这一点时，就会发现即便只是为了收入，我们的目光也不能仅仅盯住起薪数字，还要看到这份工作会不会在未来带给我们更大的增值。

竞争压力：民企＞外企＞国企

竞争压力的大小，倒的确是和企业的所有制有直接关系。毕竟外企有雄厚的家底，国企更容易获得资金和政策支持。竞争压力不是单纯意义上的工作强度，与外企、国企相比，民企所在的行业往往准入门槛不高，面对的竞争局面是"刺刀见红"的肉搏战，而能够依靠的又只有自己。这种竞争压力也必然会分摊到每一位员工身上。

既然起薪又低，竞争压力还大，那为什么还要去民企呢？我想，首先要明确我们面对竞争的态度。江苏卫视曾经有一档收视率颇高的求职真人秀栏目《职来职往》，有一期节目当中，华图教育时任副总裁于洪泽老师有一段话让我至今印象深刻，"很多应届生都想找一份钱多事少离家近的梦幻工作。这样的工作有没有呢？有的，但是你要告诉我为什么是轮到你来做。"这句话与巴菲特一生的好搭档兼好朋友查理·芒格先生的至理名言几乎异曲同工，"想得到一样东西最可靠的方法是让自己配得上它。"法桐老师在日常做咨询的时候，对于在校大学生或者毕业三年内的职场新人提出关于工作强度方面的疑虑和问题时，往往会表现得很不客气。这种不客气是故意为之的，因为在他看来，在保证自己身心健康的前提下，年轻之所以是一种强大的资本，就是因为年轻人可以面对压力，对可能的风险有更大的承受力。很多同学都希望未来的企业能够提供很好的培训条件，有职场导师手把手辅导帮带。但是现实是走出了校门，就不再有人为你的进步负责。而最好的学习方式就是自己去实践。如同温室里长不出参天大树。如果连面对压力的坚韧都没有，遑论在职场上有所成就。竞争压力大这枚硬币的另一面是更大的成长空间。这可能也是在起薪不高、压力又大的情况下，我们仍然可以选择民企作为职业生涯起点的根本原因。

成长空间：民企＞外企＞国企

上一节已经对这一观点做了一点论证，接下来我们再从所有制结构的角度进行进一步的分析。民营企业通常由创始人控股，创始人在企业内部具有绝对的话语权和决定权。而创始人判断员工价值的唯一标准就是能否为企业创造出更大的经济利益。这是十分明确并可以衡量的。民企内部当然也会制定一些包含晋升激励在内的人事制度。但是一方面，民营企业经营灵活性更大，有时候因为创始人的一个想法就会新设立一个部门，乃至开创一项新事业，这种模式虽然不稳定，但也意味着更多的机会；另一方面，民企最讲求实效，哪怕是新人，只要做出了踏实的业绩，能够打动创始人或者高层，那么破格提拔乃至连续破格提拔也是没有阻力的。与之形成对照的是，外企内部体系和制度完善的另一面就是灵活性不足。因此很多时候，他们最需要新人表现出的素质不是突破和变革，而是萧规曹随。总部定的规则、历史上形成的套路方法，你依样画葫芦执行就可以了。国企在这方面面临的局限就更多。国企里一个由所有制决定的现象是，哪怕是领导，也并不能决定所有事情：比如说薪酬水平，不是按照市场原则分配，而是要考虑到所属系统的平均水平，不可以与普通员工拉开太大差距等等；又如一个新业务做与不做，也往往受很多因素影响，而不是一个人或者一个部门所能决定的。至于国企内部的晋升，年限往往是一个必要而不充分条件，与公务员和事业单位体系是一脉相承的。

再次强调一下，上述内容都是相对笼统、简单的比较。起薪水平、竞争压力、成长空间的相关因素都非常多。国企、外企、民企仅仅是所有制有差别而已，企业性质并不应该成为我们判断取舍的优先指标。

最后，我用一个真实故事来作为这一节的收尾。2018年10月，五八同城信息技术有限公司法定代表人，由58同城创始人、董事长兼CEO姚劲波变更为其助理胡迪。人们发现这背后是一个励志故事。2012年3月，时年22岁的内蒙古科技大学大四学生胡迪,登上了招聘电视节目《非你莫属》的舞台。原本一心想做编辑的她,最终选择了58同城"市场部副总裁助理"的岗位,实习期工资3000元。照此推断,胡迪2018年也只有28岁。6年多来,胡迪一路从58同城高级副总裁段冬的助理,升到58赶集集团总裁姚劲波的助理,再到如今担任五八同城信息技术有限公司的法定代表人。客观地说,类似于这样的故事,在民企,而不是国企和外企,发生概率会高出很多。

❓ 课后问答:

应届生要不要去创业企业?

针对"应届生要不要去创业企业"这个问题的回应,是给到准备去往一、二线城市同学的加餐。因为中国的绝大多数创业企业是分布在一、二线城市的。我们先要明确究竟什么是"创业企业"。仔细查了一下似乎没有明确定义。"独角兽企业"倒是有一个定义可以参考,是投资界对于10亿美元以上估值,并且创办时间相对较短的公司的称谓。所谓创业企业当然是民企,然后又有至少以下3项特征:

第一,高成长性和高风险并存。可能一年有数倍乃至十数倍增长,也可能熬不过一年。

第二,经营模式特别是盈利模式尚不稳定。企业经营资金依靠投资人的投入。这决定了员工薪酬水平往往不会很高,但有可能拿到期权。

第三,创始人对企业的影响大到无极限。甚至创始人或创始团队的竞争力就等于企业的竞争力。如果创始人做出正确决策就能够带领企业快速成长,反之如果决策失误,在企业内部则很难有纠错的可能。

了解了以上特征之后,我再来回答应届生要不要去创业企业这个问题。实际上,我和法桐老师对此都是持正面态度的,因为如同前面所提到的,年轻人承担风险的能力是最高的,失败了还可以重来。以北上广深为例,如果依靠四平八稳的工作晋升,在不"啃老"的前提下,仅"买房立足"一项就已经是难以逾越的门槛。如果机会合适,的确还不如拼一把。但是,我们也认为,适合去创业公司的同学实际上非常少。因为找到合适机会的前提,是你要具有足够的判断能力。这种判断很大程度上是基于对创始人,而不仅仅是对业务的判断。比如在前面提到的胡迪的案例当中,通过《非你莫属》这个节目,当时的姚劲波当然是在判断她。实际上胡迪也需要判断当时的姚劲波,是不是一个值得跟随的人。法桐老师身边就有这样的朋友,当年读大学时在一家小培训机构做奥数老师。甚至毕业了也没去什么大企业，而是坚定地认为培训机构的创始人拥有远大的志向和出色的能力，跟着他干不会错。这位创始人的名字叫张邦鑫，他创办的培训机构叫学而思，也就是现在在美国上市的好未来。而法桐老师的那位朋友作为创始团队的成员，也已经实现了事业的跨越式发展。

所以，再次重申一下对于"应届生要不要去创业企业"这个问题的回应：如果你确信创业者是值得跟随的，那就大胆地去吧。如果你不确信，那就坚决不要去。

第四章 区位选择

> Three things Matter : location, location, location.
> ——Lord Harold Samuel
>
> （英国地产大亨哈罗德·萨缪尔爵士）

在后文中我们会多次提到，关于就业规划，我们选择的不仅仅是一条职业道路，更是一种生活方式。而不同区位、不同城市的发展阶段，也在很大程度上影响着我们的生活方式，并因此成为我们职业规划工作中不可忽略的重要部分。

"逃离北上广"还是"逃回北上广"——没有人能随随便便成功

很多人都在抱怨上升通道的关闭，但事情的真相是，在任何一个时代，超越自己的阶层都是一件非常艰难的事情。

很多人都在说"逃离北上广"或者"逃回北上广",甚至已经成为了国民议题之一。在回答这个问题之前,我们先认识一下北上广深,作为中国四个一线城市,它们之间可能有细微的差别,但大城市的特点总体来说是一样的。我们先来看一下一线城市的优点:

1.机会多,离梦想更近。这应该是很多人留在大城市,或者从读书的城市来到大城市的首要原因,毕竟"梦想有多大,舞台就有多大"。对于渴望接触或者进入高新科技、行业前沿和政府枢纽等领域的年轻人来说,大城市是他们最优的选择。而且,机会的背后其实是更多的资源和更高标准的薪酬体系,在二者的吸引下,自然也会有更多的人愿意选择留下。

2.起点高,各总部集中。这里的起点高,其实是总部密集的各大城市的共同特征,尤以北京为最。以政府体系为例,如果考上部委的公务员,那么在副主任科员和正主任科员的级别上通常是不受限制的,而在基层可能需要像打怪升级一样努力争取副科级和正科级的岗位,其难易程度一目了然。类比到各大型企业中,总部的工作岗位也往往比分支机构的岗位掌握更多资源,同时有更加畅通的上升渠道，一旦外派到地方，也可能直接进入管理层，很多总部设置的"管理培训生"岗位，背后就是这样的机制。在这一背景下，选择一线城市，自然就拥有了更大的发展潜力。

3.教育好，学习资源多。从教育产业化的角度来说，一流高校可以生产出高含金量的文凭，距离好学校越近，获得这种资源的成本就越低，机会也就越多。高校是学历教育的阵地，而学习本身其实是更宽泛的概念。在一个各行各业高素质人才都充分聚集的大城市，人才和技术的外溢效应可以带动身处其中的人们持续成长，而在一个偏僻闭塞的基层小镇，即使是在网络完备的前提下，要坚持学习仍旧困难，也需要更为强大的自制力和意志力。

那大城市就没有缺点吗？当然也有，我们总结了以下几点：

1.生活成本高。生活成本高的底层逻辑大概是这样的：因为大城市在有限的地域上聚集了更多的资源，会吸引更多的人涌入，从而导致地价更高，更高的地价导致住宅、商铺和写字楼的租金也随之升高，而要雇佣住房租金更高的人，就需要支付更高的薪资，进而推高大城市的人力资本；另外，资源汇聚处的人往往因为拥有更多的资源，而拥有更高的购买力，最后的结果就是供给端和需求端同时拉升，导致一线城市的生活成本提升至中小城市的两倍甚至三倍以上。这一点，对所有想要在大城市打拼的学生来说，都是不得不考虑的问题。

2.竞争压力大。优势的资源必然吸引优质的人才，而优质人才的聚集必然导致激烈的竞争。虽然似乎从小到大，大家都疯狂争抢着加入"实验班"和"尖子班"，但职场和校园的逻辑是不一样的，前者的目的是持续的生存和不断的进步，而后者则是为了提高自己的绝对实力去同所有人PK（就业、高考、中考，甚至是小升初）。因此，学习阶段的有效策略是挤进实验班，然后在大牛的加持下带飞，打败实验班以外的人；而生活中的有效策略却是田忌赛马，要善于利用相对优势，给自己创造一个好的生活环境。

3.环境相对差。北京等地的空气质量已经成为大众"槽点"。超一线大城市的水泥森林里，回归自然往往是一种奢侈品，更不必说大城市的拥堵，以及随之而来的超长通勤时间。总之，生活在大都市的压迫感、过高的时间成本和不够优良的空气质量，都成为一部分人逃离北上广的触发点。

二、三线城市

在总结二、三线城市的特征时，我们倾向于认为它们更像大城市，或者说，在向着大城市的方向发展。可以认为是低配版的大城市，却并不能说是升级版的小城市。因此，二、三线城市在特征上，可以类比为上述大城市优缺点的弱化项，即：机会较多，起点较高，教育较好；但生活成本略高，竞争压力略大。生态环境因素除了与城市规模有关以外，还往往与区位和城市工业模式有关，因此不能一概而论。

中小城市和农村

优点

1.生活节奏相对较慢。"从前的日色变得慢/车，马，邮件都慢/一生只够爱一个人。"这是木心的《从前慢》，每隔一段时间就会被人在微博和朋友圈上转发一遍。可以看出，现代人对于慢生活的渴望。相对大城市的高速运转，中小城市往往有着更为悠闲的生活节奏。在未来发展方向的选择上，认清自己的偏好，选择适合自己的生活节奏其实才是最为明智的行为。

2.表层竞争压力不大。与精英人才在大城市的集聚相对应，留在中小城市和农村基层的高层次人才密度并不高。于是，对于很多公开招考的岗位来说，竞争压力并不大。但为什么要强调"表层"竞争压力不大呢？因为基层的机会相对也会更少，同样级别的职位，在基层要等上更长的时间才能获得晋升。同时考虑到城市越小，可能存在的人际网络就越复杂，实际上的竞争压力，尤其是工作以后的竞争压力，也不会像想象中那么小。

3.*房价低，房价低，房价低*。在互联网上，很多人总说自己是"蜗居""蚁族"，这些人往往都是大城市的"新移民"，他们有满腔的热情和不屈的斗志，但是缺乏前期资本的积累。在大城市房价高企的今天，选择一个"房价友好"的城市，不失为一个提高整体生活质量的绝佳选择。毕竟，随着科技的发展，越来越多的工作形式会变成远程工作，不再对空间有强制要求。

缺点

1.*经济发展水平不高，总体就业机会较少*。从生活的角度看，选择一个城市就是选择这个城市的生活方式；而从发展的角度来说，选择一个城市其实也是投资了这个城市未来的价值。如果你偏好生活舒适度，那么可以提高生活品质的权重，但是如果考虑发展，小城市也有其固有的劣势甚至发展的天花板。一个可行的思路是，选择有独特发展道路的中小城市或者特色小镇,这些城市会以差异化的方式提升城市价值,也会带来更多的发展机会。

2.基础设施配备不全,文化交流机会较少。我从小成长在一个小城市,最羡慕的就是电视里的小孩子们可以参加各种各样的文化活动。对于青年人来说,文化资源往往是极具吸引力的,然而文化资源,尤其是演唱(奏)会、戏剧演出、展览和图书馆等难以复制的资源,更为稀缺。如果你是一个文艺青年,那普通的小城镇,或许难以满足你的"刚需"。

3.人际关系更为强势,草根突围压力更大。在中国的文化环境里,越小的环境就越容易演化出熟人文化,人与人之间的关系也更为复杂。对于"草根青年"或者"外地青年"来说,这样的人际环境并不友好。如果要选择在这样的城市奋斗,就要做好融入当地网络的准备,为自己未来的发展做好软环境的铺垫。

小结

1.选择城市,不能只考虑城市的现在,还要看到城市的未来;

2.在一线大城市和小县城之间,中国还有很多蓬勃发展着的二、三线省会城市和充满潜力的地级市,可以承载

我们的梦想;

3.无论是北上广深,还是二、三线城市,选择本身是一个复杂的需要理性的决策过程,要考虑自己的综合素质和城市特点的匹配程度,不要因为某个自媒体的一句鸡汤就决定"逃离北上广"或者相反,每一个选择背后都有得失,重点是你想要什么。

不能承受的房价之重——
我还小,我需要考虑买房吗?

> 相信我,亲爱的,你不小了。

我们假设本书的每一位读者都是大学在读生(或者在读生的家长),如果按照6岁上学来计算的话,通常是18岁上大学,那么包括本研学生在内,大部分都是18—25岁的青年人。很多人会说,我(或者我孩子)还不到20岁呢,我现在就要考虑买房吗?

相信我,亲爱的,你不小了。

先举个夸张一点的例子,在很多《红楼梦》的影视作品中,王熙凤往往被塑造成一个中年霸道女总裁,其实根据书中的描述,王熙凤协理宁国府的时候,也就17岁左右。古代的女子在过了及笄之礼（15岁左右）之后没多久，就可以谈婚论嫁了。考虑到古人预期寿命较低，这样的安排可以理解。所以对于大家族的女子来说，一旦嫁人，就要开始操持一家老小上下，不光要照顾饮食起居，还要经管财资粮田。这样看来，与十五六岁就当家的古代人相比，18岁已经不小了。想一想《红楼梦》中，王熙凤千头万绪事无巨细的工作，还在读书的各位，着实应该感到庆幸才是。

习近平总书记在纪念五四运动100周年大会的讲话中，也强调了自古英雄出少年的道理："《共产党宣言》发表时马克思是30岁，恩格斯是28岁。列宁最初参加革命活动时只有17岁。牛顿和莱布尼茨发现微积分时分别是22岁和28岁，达尔文开始环球航行时是22岁，爱因斯坦提出狭义相对论时是26岁。贾谊写出'西汉一代最好的政论'时不到30岁，王勃写下千古名篇《滕王阁序》时才20多岁。在我们党领导人民进行革命、建设、改革的伟大历史进程中更是青年英雄辈出。中共一大召开时毛泽东是28岁，周恩来参加中国共产党时是23岁，邓小平参加旅欧中国少年共产党时是18岁。杨靖宇牺牲时是35岁，赵一曼牺牲时是31岁，江姐牺牲时是29岁，红三十四师师长陈树湘牺牲时是29岁，邱少云牺牲时是26岁，雷锋牺牲时是22岁，黄继光牺牲时是21岁，刘胡兰牺牲时只有15岁。守岛32年的王继才第一次登上开山岛时是26岁，航天报国的嫦娥团队、神舟团队平均年龄是33岁，北斗团队平均年龄是35岁。"

简而言之，人的成熟程度是由个人的经历和思考的深度决定的，也是由个人承担的责任所决定的。"考虑买房"只是一个很小的侧面，但是这个侧面反映出的是一个人在家庭当中以及社会当中的角色。所以，从我们的角度来说，从踏入大学的那一刻起，就应该抱有对自己未来的人生充分负责的态度，肩负起个人发展乃至家庭发展的重任。

再说回对房产的考虑，站在2020年前后，相信大多数中国人对过去十年来房价的飞速上涨都有着深刻的印象。除了少数炒房客之外，及时购买了房产的人往往都会后悔没有加大杠杆多买几套，租房一族更是悲叹自己没有及时"上车"。在现在"房住不炒"的大背景下，房产价值在短期内的成倍增长或许无法重现，但是房地产在现代市场经济中的锚定作用是不可否认的，不动产作为资产投资的抗通胀功能也已经形成共识。

所以，对于在工作城市买房已经成为"刚需"的大学生们来说，越早考虑这个问题，在家庭资产配置和家庭决策的过程中就能掌握越多的主动性,也就能越早肩负起对自己人生的"责任"。

小结

1.在大多数情况下,购买一个城市的房产就是购买一个城市的前景,在经济飞速发展的中国,早一点考虑"何时上车"和"上哪辆车",总不是一件坏事;

2.当我们讨论房子时,我们谈论的其实并不是房价本身,而是隐藏在买房与否背后的、关于个人乃至家庭资产配置的思考与探讨,在谈论个人发展问题时,资产配置也是不应忽略的问题;

3.一个有独立思想的人,在任何时候都不会用"我还小"这样的字眼来矮化自己,越早承担起对自己和对家庭对社会的责任,人的成长也就越快。

课后问答:

我想留在大城市拼一把,他们说回去吧,家里有房有车

2016年7月8日,公众号"新世相"发起了#4小时后逃离北上广#活动。当日8点12分发出微博"现在是早上

8点，4小时内我召唤你拎包就走，做一件想做而没做的事。只要你是前30个赶到北上广3个城市机场的人，新世相和@航班管家就送你一张往返机票，#4小时后逃离北上广#"。

这是一次足以载入中国新媒体传播史册的营销活动，在实际物质资源投入有限的情况下，新世相公众号图文阅读量在活动曝光后1个半小时内突破10万，3小时突破100万，公众号涨粉10万。微博上#4小时后逃离北上广#的话题阅读量超过550万。

不得不说新世相精准踩中了当代人对大城市欲走还留心态的七寸。

作为一名身在帝都的大学辅导员，"毕老师，你说我毕业了是留在北京还是回老家啊"也是我最常被问到的问题之一。我相信，许多不在北上广深工作的辅导员同行们经常被问到的问题是，"老师，马上毕业了，你说我是不是应该去大城市闯一闯"。大城市恰似钱锺书先生笔下的围城，是进是出，这是一个严肃的问题。

关于在大城市打拼和回乡工作两者之间的优劣势的比较，在我看来"北上广深容不下肉身，三四线城市放不下灵魂"这句话是对大小城市对比最为凝练的描述。人类就是复杂的动物，我们的理想状态当然是肉身的安稳与灵魂的自由两者之间的矛盾统一，问题是我们该如何去达到这样的状态。

如果我们面对一个问题，此时此地无从解答，那么建议拉长拉宽时间与空间的维度再来审视。比如本节探讨的问题，看似都是在毕业之前必须做出的决定，但是如果采取更为宏大的时空观，答案往往会变得有据可循。

通常情况下，面对已经确定要找工作的同学，我会问他一个问题："你有没有想过，三年后你的职业状态是什么样呢？"

很多同学会说，我连当下的问题都想不清楚，哪里会知道三年后的事情呢？事实上，三年后的状态你不仅要想，而且越具体越好。只有把目标确认清楚，你的思考和行动才可能是有效的。

回忆一下马拉松赛跑时的情形：指令枪响时，所有选手都在同一个起点出发。在最初几公里的赛道上，几乎是人挨人、肩并肩的状态，随后，差距被慢慢拉开，最后越来越大。人生的竞争也是一样的。同班同学毕业三年内的状态往往大同小异，但十年后就会产生肉眼可见的差异，至于二十年后更是天差地别。所以真正有价值的初期职业状态，未必要追求在收入、级别方面的暂时领先，而是要积累未来十年、二十年职业竞争的有效资本。

<u>比如眼界见识</u>。2017年马云在澳大利亚纽卡斯尔大学建立了2000万美元的奖学金计划,以此回报37年之前结下的缘分。1980年,当时16岁的马云在西湖边偶遇来华游玩的莫利一家并成为朋友。5年后,莫利的父亲寄来200澳元,支持马云前往澳大利亚旅行。当时澳大利亚甚至没有开放中国游客的个人签证,马云经历了6次拒签才最终成行。而29天的澳大利亚之旅也被马云认作自己的"人生转折点",因为"天眼"被打开了。同样,想要长期在职业领域成功,首先要拓展自己的见识,知道不同的人生究竟是什么样子。

<u>比如职业素养</u>。当我们在大城市习惯按照规矩办事的时候,回到三、四线城市,却要不可避免地融入人情社会当中,可以说,这是两种完全迥异的思维方式。具体到职场,无论是进公司、求晋升甚至是公司发福利这样的小事,能够认识人找到人帮忙也是"倍儿有面子"的事情,但实际上如果公司注重规则,那么一定会更加注重磨炼员工的职业素养。"面子"固然有用,但是却不可能持久有效,而优秀的职业素养却能够受用终身。

<u>比如高端人脉</u>。胡玮炜曾经是一名北漂记者。在创立摩拜之前,直到2014年,她的月薪才刚刚突破1万。十年混迹汽车圈,她做了两件事,可谓无心插柳柳成荫。一是

利用记者的身份和行业内顶尖人士打交道，结识了很多大佬，积累了广阔的人脉资源；二是将媒体人最擅长的公关、传播技能，练习得得心应手。后来的故事中，她遇到了人生中的贵人——摩拜的投资人李斌。胡玮炜是浙江东阳人，大学毕业于浙江大学城市学院新闻系。即使是在她求学的杭州，一个准一线城市，类似于"北漂女记者转身成为独角兽创始人"的故事恐怕也很难发生。

具体到每个人，一定要仔细衡量判断大城市去与留对你个人的利弊。但是，如果毕业时有机会留在大城市，一定要把精力放在锻造自己的长期职业竞争力上，哪怕只有三年，哪怕只是"漂着"，也要漂出自己的核心竞争力。

第五章　行业理解

俗话说,"男怕入错行,女怕嫁错郎"。实际上,无论是选择行业还是组建家庭都是人生大事,对个人的重要性不言而喻,且无关性别。当然作为一本关于职业规划的书,在这里我们只探讨行业理解的话题。

作为一名大学辅导员,在与同学们交流的过程中发现一件很有意思的事情。许多同学是直到高考前,通过志愿填报手册才知道原来中国有这么多大学和这么多专业。然后像打仗一样,匆忙做出选择。直到进入大学之后,发现专业的实际情况与之前的想象有所差异,会因此感到沮丧。我相信在面对就业问题时,谁都不愿意重蹈覆辙。所以,充分了解行业信息就是一件事关就业质量的大事,"不可不察也"。

国家质量监督检验检疫总局与国家标准化管理委员会于2017年6月发布的最新《国民经济行业分类》(GB/T 4757-2017)当中提出"行业"是指从事相同性质的经济

活动的所有单位的集合。根据这份标准,行业可以分为20门类97大类921中类。例如:

A 农、林、牧、渔业—01农业—017中草药种植

F 批发和零售业—52零售业—522食品、饮料及烟草制品专门零售

G 制造业—13—农副食品加工业—136水产品加工

可以看到,"中类"最接近于我们通常所提到"行业"一词的定义,如果再加上随着新科技新业态而产生的新行业,那么总数量将超过1000个。我们并不需要也没有可能理解全部行业。

关于行业,我们建议的目标是:

1.认识高薪行业,以及更重要的问题,它们为什么是高薪行业。

2.理解互联网行业——未来商业社会的钥匙。

3.掌握如何快速理解一个行业的方法。

认识高薪行业——为什么高薪行业会存在

首先探讨一个问题,高薪就代表好行业吗?如果展开讨论,单单是这一个问题就可以写上好几章,因为"好"

这个词本身就是一个主观判断，免不了上升到人生观价值观层面。此处我想提出另外一个问题，"高考录取分数高的就是好学校吗？"答案应该是"绝大部分时候是"。所以相似地，在市场化的条件下，薪酬水平往往是工作价值的客观反映，高薪在大多数时候是一个行业足够"好"的显著特征之一。薪酬不能成为我们期望的职业回报的全部，但是"高薪"可以成为我们走向职场时，坦坦荡荡去追求的一个明确目标。

许多大型招聘机构都会定期发布不同类别的薪酬排行榜，从行业、职业、城市等各个维度进行分析排名，这些权威榜单可以成为我们求职的重要参考。以智联招聘为例，2018年6月发布了《2018年夏季中国雇主需求与白领人才供给报告》，其中2018年夏季十大高薪行业排行榜与平均薪酬水平如下：

表6　2018年夏季十大高薪行业排行榜

排名	行　　业	平均薪酬
1	基金/证券/期货/投资	10590元
2	中介服务	9748元
3	跨领域经营	9501元
4	专业服务/咨询（财会/法律/人力资源等）	9433元
5	信托/担保/拍卖/典当	9264元

续表

排名	行　业	平均薪酬
6	房地产/建筑/建材/工程	8941元
7	能源/矿产/采掘/冶炼	8909元
8	网络游戏	8835元
9	银行	8803元
10	保险	8627元

以上这些行业当中，有你心中向往的目标行业吗？如前文所提到的，仅仅知道高薪行业并没有很大意义，更为重要的是，我们需要去理解上述行业高薪的理由。实际上，我们可以把上述10个行业分成4类：

1.直接与财富相关的行业

- 基金/证券/期货/投资10590元
- 信托/担保/拍卖/典当9264元
- 银行8803元
- 保险8627元

两点之间，直线距离最短。既然我们认为高薪是值得追求的重要目标，那么在求职时，直接奔着"财富"去是一个不错的方向。一直以来，金融行业都是高薪的代名词。一方面是因为行业利润稳定，另一方面行业准入门槛也相对更高，高薪是对于高素质的必要回报之一。

2.带有咨询性质的行业

- 中介服务9748元
- 专业服务/咨询（财会/法律/人力资源等）9433元

我们认为中介本质上也是咨询服务的一种。一提到咨询，相信大家头脑中都会闪现出诸如麦肯锡、埃森哲之类的高大上的公司名称，以及西装革履金丝眼镜的白领形象。在中国古代"咨"和"询"是两个词，分别是商量和询问的意思。连在一起代表询问、谋划、商量、磋商等意思。衍生出"咨询"业务的领域，诸如买房、打官司、保税等等，往往都需要经过复杂又繁琐的过程。能够处理相关问题本身成为了一项高门槛的专业技能，于是人们愿意支付看似高昂的费用购买，因为比自己费时费力更为划算。

3.新兴行业的行业

- 跨领域经营9501元
- 网络游戏8835元

稍微了解一些经济学原理就会知道，一个行业随着竞争越来越充分，平均利润率会逐渐降低，乃至趋向于0。机会往往来自新鲜的变化，个人如此，行业亦如此。"跨领域经营"是指多元化经营，比如互联网企业网易被人称为是"猪厂"，是因为创始人丁磊专门投资了智能养猪项目。"网络游戏"大家已经非常熟悉了,以腾讯"王者荣耀"为例,早在2017年,一个季度的营业收入就超过120亿。一款成功的网络游戏的利润率几乎可以说是"躺收流水"。这两者都是因为新兴的产业本身利润率较好,所以为从业人员也带来了足够的物质回报。

4.专业性强的特定行业

- 房地产/建筑/建材/工程8941元
- 能源/矿产/采掘/冶炼8909元

以上这两个行业,专业性比较强,通常都会要求从业人员长年学习专业知识或者持有特定的从业资格证书。

按照以上分类后,你对于高薪行业的特征有所了解了吗?

小结

1.在市场化的条件下,薪酬水平往往是行业和岗位价值的客观反映,因此"高薪"在大多数情况下就是"好行业"的典型特征之一;

2.追求高薪行业是一个光明正大的目标;

3.通过归类分析,平均薪酬水平较高的行业往往会具备以下特征:直接与财富相关、与咨询相关、新兴行业、专业性强的特定行业。

理解互联网行业——未来商业社会的钥匙

在数以千计的行业当中,如果只推荐一个行业,作为建议每一位同学都要了解的目标,那么我会选择互联网。

原因有两点:一方面,中国互联网行业的发展速度和水平在全世界都处于领先地位,以阿里巴巴、腾讯、百度为代表的互联网企业由于薪酬水平高、发展空间大等因素成为越来越多大学生的择业方向,值得被研究;另一方面更为重要的原因是,互联网在未来将不再是一个行业,而将成为催生所有"新行业"的催化剂。

我们先来简要回顾一下中国互联网发展的历史。1987年9月,科学家吴为民在北京向海外发出了来自中国的第一封电子邮件,内容只有一句话:"Across the Great Wall we can reach every corner in the world.(越过长城,走向世界。)"这可以被认作中国互联网的起点。在很长一段时间里,电脑与互联网因为成本高,价格贵,应用门槛高等原因,更像是"养在深闺人未识"的大家闺秀,只有科研人员能够接触和使用。

1997年,香港回归成为国家记忆的重要章节。也正是在这一年,从美国麻省理工毕业回国的张朝阳,从电信局辞职下海,正在广州一家ISP(Internet Service Provider,互联网服务提供商)担任技术总经理助理的丁磊,还有刚刚为四通利方公司拿到650万美元风险投资的王志东,不约而同地选择互联网作为自己创业的方向,在他们手中分别诞生了搜狐、网易、新浪三大门户网站。中国的门户网站被认为是对美国同时期Yahoo等公司模式的复制,作为互联网1.0模式,做的是单项传播。网站后台对信息进行集成和发布,网民被动接受。即便如此,当年去网吧看新闻、刷BBS、联网打游戏,就已经成为年轻人最享受的休闲娱乐方式。

今天的行业巨头B(百度)、A(阿里巴巴)、T(腾讯)都是在1998年到2000年之间创立的。分别代表搜索、电商与社交三种业务,被认为是互联网2.0模式的代表,网民与网站之间实现了双向互动。但是在最初几年,这几家企业都远不如之前提到的三大门户网站风光。即使拥有海量的用户,但找到合适的盈利模式也有难度。阿里巴巴直到创立两年后的2001年,才依靠面向中小企业的产品——"诚信通"开始产生收入。然而,2003年创立的淘宝网在很长一段时间内都是通过免费来积累初始用户和商家。腾讯的故事就更加传奇了。1999年底,仅仅推出9个月的

QQ已经拥有超过100万用户。但是没有收入来源，只能不断烧钱。最危险的时候，公司账面上只剩下1万元。马化腾找到当时如日中天的搜狐创始人张朝阳，开价300万想卖掉QQ。谁知张朝阳却认为QQ只是一个聊天工具而已，只愿意出60万元。马化腾当然无法接受这样一个完全没有诚意的价格，直到获得IDG的投资才免于破产。仅仅5年后，2004年6月，腾讯在香港上市，市值已经达到62亿港币。随后10余年，股价上涨超过500倍。BAT的成功给后者带来的重大启示是：互联网2.0时代，只要拥有海量用户并且保持黏性，赚大钱是迟早的事情。

2007年，iPhone上市。直到后来，人们才意识到这一事件的划时代意义——移动互联网时代正式开启。2014年4G开始在中国全面商用，同时小米等手机厂商把智能手机的价格一再降低，移动互联网用户数量呈爆发式增长，基于4G的海量应用也开始全方位地"包围"我们生活工作的方方面面，互联网进入全方位互动的3.0时代。1999年，曾经有媒体发起过一场"互联网生存实验"。实验地点是酒店的封闭房间，参与实验的年轻人被要求在这里生活72小时。房间里只有一台可以联网的电脑、一张没有床单被褥的光板床，一个可以正常使用的卫生间，没有日用品、食品、饮用水。实验进行时正处盛夏，酒店房间空调开得很足，但被褥、食品、饮用水、日常生活所需的一切，都需要参加实验的人通过网络解决。当时的网购根本无法支持实时下单、配送，作为实验赞助商的网上超市8848的值守人员得到的暗示是，这两天如果有购物订单一定要满足客户需要，无论多远都要尽快送到。在倾尽全公司力量的情况下，12名参与者有11名完成了实验，当时引起了巨大的社会讨论。今天的你了解到这一段历史也许会哑然失笑，毕竟只要连上Wi-Fi或者4G信号，我们就可以在家里轻松"宅"上一周，反倒是"离开手机10分钟"，变成了更难以做到的事。

无论是美国的F（Facebook，脸书）、A（Apple，苹果）、G（Google，谷歌）、M（Microsoft，微软）、A（Amazon，亚马逊）还是中国的BAT，互联网平台型企业都是人类商业历史上的全新物种。它们都在短时间内聚集了数以亿计的用户，更重要的是，基于移动互联网，这些用户的行为都是被数字化的，可以进行二次分析应用。淘宝等电商平台甚至比你自己还清楚最喜欢什么样的衬衫，微信每天告诉你今天的行走步数在朋友圈里排名第几。在互联网被广泛应用之前，即便是宝洁这样的快消品巨头，也不可能搞明白，买走洗发水的人究竟是谁，什么样的年纪、什么样的偏好、什么样的收入水平。新模式的出现是具有颠覆性意义的。

互联网企业的收入还遵循著名的梅特卡夫定律,"一个网络的价值等于该网络内的节点数的平方,而且该网络的价值与联网的用户数的平方成正比"。也就是说用户数量是线性增长的,但是网络的价值是按照平方倍数提高的。这就是为什么,大量的APP在拉新时愿意进行高额补贴。因为从长远看,一个稳定用户带来的收益是巨大的。当一个新兴行业的平均收益更高时,自然能够带给从业人员更好的收入。

互联网行业的崛起对于职场的显著影响首先就是让程序员,也就是通常所说的"码农"成为金领职业。虽然顶着"996""5+2""白加黑"的工作压力,但无论从收入回报还是职业前景来说,程序员的收获都会远高于社会平均水平。近年来,个别毕业生起薪80万乃至100万的新闻时常见诸报端,仔细看一多半也是算法工程师、人工智能工程师等岗位。

即使对于其他"非程序员"专业的学生来说,互联网公司也提供了大量的就业机会。近几年来,创业企业的数量与日俱增,而且不乏类似于滴滴、字节跳动(今日头条与抖音等产品的母公司)等在短时间内估值快速提升至10亿美元以上的独角兽公司。尤其在北上广深等一线城市,创业公司已经成为应届毕业生开启职场之路的重要选项之一。值得注意的是，不仅是商业与服务业，即使是在相对传统的农业和工业等领域，也出现了大量与互联网相关的创业企业。就在两三年前，"互联网+"还被认为是一个时髦词汇，而今天数字经济的浪潮已经把每个人都卷入其中，"互联网+"已经成了一个必然选项。

创业黑马董事长牛文文提出，"在中国几乎所有的行业都值得重新做一遍"。这一轮互联网与原有产业的深度结合不是简单的叠加效应，而是在进行类似基因重组的根本性变革。可能你也听说过"互联网就是这个时代的电能"这样的表述，但我认为这样的表述还不够铿锵有力。今天已经不会再有任何一家企业标榜自己是一家用电的企业，关于互联网这项基础设施，我们会快速进化到这样一个时代：即将到来的未来不再有互联网行业，但所有的行业都将被互联网化。

引用马云的金句作为注脚："未来10年最好的企业不是互联网企业，而是那些利用互联网最好的企业。"套用到我们个人身上，未来最有竞争力的职场人不是互联网从业者，而是那些利用互联网最好的人。无论是行业、企业还是个人，谁能够以更快速和高效的方式利用好互联网，谁就将在未来的竞争中占领先机。

小结

1.互联网行业本身的高速发展带给从业者更高的收入回报和职业前景,互联网的价值遵循梅特卡夫定律;

2.互联网在未来不是一个行业,而是所有的行业都将被互联网化,因此无论选择何种行业,都应当对互联网有所理解;

3.那些以更快速度实现互联网化的行业将在未来呈现出高增长的格局,并给行业从业者带来超额收益。

学习能力迁移——如何快速理解一个行业

时至今日,世界500强公司的管理培训生岗位仍然是应届生们最心仪的职业选择,传说中的高管帮带、多部门轮岗以及随之而来的快速晋升成长都让"管理培训生"这个称谓自带光环。管理培训生的招聘往往门槛高、流程严,但是偏偏很少限制所学专业。如果去追问HR招聘当中最看重的素质究竟是什么?十有八九会得到一个老调重弹的回答——"学习能力"。

那么学习能力究竟是什么呢?显然不是考试成绩门门

满分。在这里,我给学习能力下一个具象化的定义:对于未知事物能够快速建立分析框架,并在此基础上进行理解、展开实践的能力。

分析能力是操作系统级别的底层能力,必须通过长时间的实践锤炼与刻意练习才能够养成。我推荐的习得方式是,首先熟悉并应用那些经过时间检验,已经被无数次证明有效的经典分析框架。例如分析销售,就是4P,产品(product)、价格(price)、渠道(place)、推广(promotion)。例如要向其他人描述一件事情,那就可以套用"黄金圈"模型,why(为什么)—how(如何做)—what(做什么)。经典分析框架有一个通俗的同义词就是"套路",在我看来,套路不仅不是一个贬义词,反而是一个褒义词。如同围棋的定式,是千百年来历代棋手验证后确认面对某一局面的最佳招法,所谓"套路"绝大部分是人类经验的精华总结,是弥足珍贵的东西。当积累足够多的套路之后,才能慢慢滋养出自己独特的分析法门。

在毕业求职这件事情上,免不了遇到的一个现实问题就是如何快速理解一个行业。同样是面试做一名销售,当被问到"请谈谈你对我们行业的理解"这个问题时,不同行业的回答则完全不同。如同本节开篇时明确的,上千个行业，我们不可能也没有必要一一了解。但是理解行业的基本方法，你值得拥有。

假设你现在即将毕业，正在求职，你的目标锁定在互联网行业。虽然你每天手机不离身，在抖音上可能还是小网红一枚，但是这显然不代表你对互联网行业已有足够的了解。想要了解任何一个行业，我建议你至少花费10个小时，系统地按照以下三步走的流程进行专门准备。

1. 提出问题。

2. 搜索资料并按照问题进行归类。

3. 提炼逻辑并书面化。

1. 提出问题

关于目标行业，至少应当了解以下3大问题：

Q1：行业的规模有多大？目前处于什么样的发展阶段？

Q2：行业的客户是谁？从上游到下游是如何分工的，对应有哪些岗位？

Q3：行业的盈利模式是什么？影响盈利水平的关键因素有哪些？

2. 搜索资料并按照问题进行归类

互联网时代带给每个人最直观的机会就是海量且廉价

的信息,但是要辨别有效信息,得做到两个前提:第一在哪里搜索,第二确定搜索关键词。

关于在哪里搜索,除了百度之外,微信搜索框、知乎都是不错的选择。在此基础上,需要了解至少三个专业网站,了解互联网行业我会推荐艾瑞网、易观网、阿里研究院官网,这些地方均有海量的深度文章与报告可以阅读和下载。关于搜索关键词(句)实际上可以围绕主要问题进行细分发散,在这一阶段能够想到的关键词(句)越多越好。

搜索后把有价值的内容下载或摘要存储,注意一定要按照之前的3大问题进行归类,每一个大问题都积累进一个文件夹的资料。

3.提炼逻辑并书面化

Q1:行业的规模有多大?目前处于什么样的发展阶段?

估算行业规模的底层公式就是"人群×单价×频次"。考虑到中国巨大的人口基数,特别是中等收入群体数量,几乎所有行业理论上的规模上限都是天文数字。所以我们判断行业,更值得关注的是发展阶段以及未来的成长空间。以方便面为例,2013年总销量已经达到462亿包。但是随后三年不仅没有增长反而一路下跌至380亿包。仔细分析会发现，这三年恰恰是伴随着移动互联网兴起，外卖业务大发展的时期。方便面原本充饥的需求，被花样繁多并且短时间内能够送达的外卖所取代。最近一两年方便火锅异军突起，仅在四川省，已有超过50家企业进行生产。据报道，2018年3月单月销售额就超过2亿元。方便火锅虽然主流定价在20—40元，远高于方便面。但是采用自热技术后，一杯冷水就可以"煮"热。足够方便，而且丰富的食材给一餐一饭带来了更好的体验。这个细分领域正在快速增长。同样是方便食品，方便面与方便火锅的不同命运就是由行业发展阶段所决定的。

根据行业生命周期理论，一个行业的发展阶段主要包括：幼稚期、成长期、成熟期、衰退期。当然我们并不是要做理论研究，不需要过于细致的分析。我会推荐一正一负两个指标，帮助你对行业的成长空间做简单判断。

正向指标：新增用户数，是否会有越来越多的人成为行业的新用户。用户数量与增长率越高，成长空间越大。

负向指标：可替代性，行业提供的实物商品或服务体验是否容易被其他行业替代。可替代性越大，成长空间越小。

以汽车行业为例，截至2018年7月，中国机动车保有量达到3.19亿辆。回顾历史，中国从20世纪80年代才开始出现私人汽车，到2003年社会保有量才突破1000万辆，用了整整20年时间。随后十多年间，伴随中国经济的发展，汽车行业抓住了黄金机遇，实现了超高速发展。从2008年开始，汽车销量连续全球领先。但是近年来中国经济进入新常态，汽车行业的增长速度也明显放缓甚至低于GDP增速。一方面我国汽车整体保有量已经达到相对高位，新用户增长率下降。另一方面大量城市开始花大力气投资公共交通，并且由于拥堵等问题，私家车驾驶体验也难以得到保障。部分私家车需求被替代。由此得出结论，作为整体的汽车行业在未来的成长空间比较有限。值得注意的是，新能源汽车行业有其特殊性，一方面因为补贴以及长期使用成本更低（用电而不是用油），愿意选择购买新能源汽车的用户持续增加；另一方面新能源车本身就是对燃油车的替代，现有燃油车市场的存量就是新能源汽车的增长空间。特斯拉目前的销售量大约只有通用汽车的1%，市值却超过后者。足见对新能源汽车行业的未来成长空间，人们抱有着多么乐观的态度。

我再次强调互联网的催化作用。汽车与新能源汽车的鲜明对比，在原有行业与互联网化后的新行业之间普遍存在。商超百货行业趋于稳定,而以盒马、每日优鲜为代表的"新零售"正在快速扩张。保险行业潜力巨大,而互联网保险的增速更是远超大盘水平。

互联网+原有行业=新行业。而新行业往往代表着更大的成长空间,以及对从业者更好的回报。这就是我们分析行业规模的最终目的。

Q2:行业的客户是谁?从上游到下游是如何分工的,对应有哪些岗位?

Q3:行业的盈利模式是什么?影响盈利水平的关键因素有哪些?

我把这两个问题放在一起,厘清行业上下游是第一优先级的关键问题。尚未对行业进行深入了解的情况下,我会建议你以最终消费者作为终点,顺藤摸瓜地倒推出整个行业链路。

我们仍旧以淘宝为例。

以下是写这段文字时,法桐老师的淘宝首页(强调这一点是因为,今天的淘宝已经实现了千人千面,每个人的页面,甚至同一个人不同时间点的页面呈现都不一样)。继续点击聚划算频道进入子页面。在这个页面上会显示淘抢购频道正在开展特卖活动的商品,当前分别是口罩、笔记本电脑、婴儿用品等。当然,这些商品都是根据法桐老师的喜好专门推荐。而负责这项工作的岗位就是运营,在互联网行业,最接近用户的岗位通常都是运营。

图1 淘宝页面

运营决定了推荐哪些商品,那就需要有人制作对应的页面,负责这项工作的就是技术,也就是通常所说的码农。那么互联网行业还会经常看到的一个叫产品经理的岗位又是做什么的呢？我们仍然以淘宝首页页面为例，自上而下分布有搜索框—banner（横幅广告）—导航栏—个性化频道—tab（选项卡），这样的分布格局是保持相对稳定的，只有在APP更新时才会发生变动。决定布局结构的就是产品经理，是介于技术与运营之间，结合运营的建议（往往来自客户），向技术提出明确开发需求，把关产品整体功能定位的重要角色。比如微信创始人张小龙就是微信的头号产品经理。

当然以上是针对各个岗位最为粗浅的解释，但是我们已经可以归纳出一条清晰的上下游链路：

技术—产品—运营—（客户）

仅仅是运营，就可以细分出产品运营、行业运营、类目运营、频道运营、活动运营、内容运营等一系列的岗位。但是你会注意到，还有一些岗位是没办法放到这条链路上去的，比如HR，技术、产品、运营都需要HR。实际上我们可以把岗位分成两大类，一类是业务岗位，有明确的上下游关系；另一类是支持岗位，彼此是平行的。进而形成这样一个框架：

业务岗位：技术—产品—运营—（客户）

支持岗位：HR、财务、采购、客服……

接下来我们来看关于盈利模式，实际上有一个底层的公式：

盈利＝收入－成本

要想提高盈利水平，就需要尽可能提高收入，并且降低成本。收入也有一个底层的公式：

收入＝付费人数×单价

想要提高收入，就需要尽可能增加付费人数，并且提高单价。

以淘宝为例，消费者并没有向平台付费，收入是来自于商家的。但是商家付费的前提是，的确通过淘宝平台完成了售卖，并且有利润收入。所以淘宝平台聚集的消费者越多，消费金额越大，对应的商家就会有越好的收益，最终平台的收入才会越高。不仅是淘宝，分析电商平台核心也是看两个指标，月度活跃用户数与ARPU（Average Revenue Per User，每用户平均收入），所有岗位工作的最终目标都应当作用于这两个指标的提升。

再次重申一下，并不是只有做研究才需要了解行业，我们要通过分析行业，去寻找那些值得投身的领域。通过以上三大问题的系统梳理，相信大家对于目标行业，应当已经有了初步的了解和判断。推荐一个检验自己是否做好准备的小方法，那就是找一位好朋友，向他（她）介绍你的目标行业，介绍时间不少于20分钟，并且回应他（她）提出的问题。如果你能够顺利完成，就可以有足够的信心面对HR，谈一谈对目标行业的理解和认识啦！

小结

1.套路是很珍贵的经验总结，关于行业理解，在确认重要性的基础上，提供给你的套路分三步走：提出问题/搜索资料并按照问题进行归类/提炼逻辑并书面化；

2.行业规模很重要，但是未来成长空间更重要，可以用一正（新增用户数）一负（可替代性）两个指标来简单判断；

3.理解行业不是为了做研究，而是为了提升求职竞争力。任何公司都更喜欢用心准备且具备深度思考能力的员工。

课后问答：

学会了分析行业，那么如何知道哪一家公司好呢？

在我看来，求职是可以和谈恋爱进行类比的。"弱水三千，只取一瓢饮。"恋爱不是一蹴而就的，而是需要经过从相识到相知再到相恋的历练,具体过程通常也不是一帆风顺的。越是你倾心的对象,往往需要面临越激烈的竞争。你需要用诚意和魅力去打动对方,去证明自己才是最合适的那个人。试想一下,当你鼓起勇气向心动对象表白时,假设对方问喜欢他/她哪一点,如果你只能支支吾吾地说出一句"我就是觉得你好"。那么你基本上肯定被排除在潜在对象之外了。你的无知不仅不可爱,反而证明了你根本没有诚意。

同样地,作为向往拿到心仪offer的求职者,对目标公司的了解乃至研究是应聘的基本礼节。需要注意的是,作为尚没有入职的"门外人",你对公司的认知可以不都是正确的,但错也要错得有理,无知是不可以被接受的。

那么我们如何了解自己求职的目标公司呢?在这里,我推荐各位至少要完成两个维度的探索。

第一,公司的基本情况,这是一家什么样的公司。

首先,推荐"天眼查"和"企查查"等数据整合网站或APP来查询目标公司资料。我们以用"天眼查"对"今日头条"和"抖音"的母公司"字节跳动"进行分析为例。

图2 字节跳动的天眼查页面

品牌介绍："字节跳动成立于2012年3月，目前公司的产品和服务已覆盖全球150个国家和地区、75个语种，曾在40多个国家和地区位居应用商店总榜前列。字节跳动在海内外推出了多款有影响力的产品，包括综合资讯类的今日头条、TopBuzz、News Republic，视频类的抖音、TikTok、西瓜视频、BuzzVideo、火山小视频、Vigo Video，以及AI教育产品、AI技术服务和企业SAAS等新业务。"这段描述清晰地告诉你，企业的成立时间，以及主要产品布局。

融资历程：字节跳动最新的一轮融资发生在2018年10月。"交易金额"是指通过该轮融资，公司拿到的用于继续发展业务的现金。"轮次"从天使轮/种子轮开始，后面的轮次用字母表示。轮次越多通常越接近公开上市。而Pre-IPO通常是指上市之前的最后一轮融资。"估值"是投

资人对公司的估价。750亿美元的估值实际上已经超过了包括百度、京东在内的大多数互联网上市公司。字节跳动的实力可见一斑。

核心成员：排名第一的当然是创始人或者CEO，其他几位一般是分管副总裁。从他们的分管内容，也可以了解公司的重点业务方向。仍然以字节跳动为例，"李航，人工智能实验室总监"，字节跳动能够在信息流产品中胜出的核心竞争力就是基于人工智能的个性化内容推荐技术。让用户自主选择和关心的内容成为头条。"毛小骅，商业化策略leader"，作为典型的互联网公司，字节跳动的产品表面上看是对用户免费的。公司的收入和利润主要来自面向B端（品牌商）的商业化，即C端（用户）流量变现。理想的商业化策略能够在公司收益和用户体验之间实现完美的平衡。如果你是一位希望加入字节跳动的应聘者，不论任何岗位，对人工智能技术与商业化策略都应当有基本的认知。

竞品信息：公司的主要竞争对手。可以仔细阅读简介，并和你的目标公司作对照理解。天眼查网页上列举的字节跳动的八家竞争对手公司，融资最多的Afiniti也仅仅到了D+轮。这个细节也可以佐证字节跳动处在行业领跑地位。

招聘信息：这方面天眼查的收录不全，可以登录智联

招聘、猎聘等专业招聘网站或者公司官网查找信息。

*相关新闻：*进一步增加对公司动态的了解。

通过天眼查或者类似专业网站（而不是某度）全面了解你的目标公司，是你认真应聘的起点。

第二，公司的客户是谁？为客户带来了什么价值？相对于竞争对手有优势吗？

我们经常听到类似于"用户就是上帝"之类的宣传语。阿里巴巴集团的价值观第一条就是"客户第一"。"用户"和"客户"经常被混用，那么这两者之间有什么差异呢？实际上用户就是指公司产品或者服务的使用者，而客户是指向公司付费的人。在有些场景下，用户和客户不一致。比如幼儿教育，用户是娃娃，而客户是家长。再比如前面提到的字节跳动旗下的抖音、今日头条等，用户是数以亿计的网民，而客户是为广告投放付费的品牌商。

作为应聘者，我会建议各位把更多的注意力聚焦在目标公司的客户上。因为顺着客户挖下去你就能够顺藤摸瓜地厘清企业的盈利模式。一家值得加入的公司至少具有以下三大特点：

第一，客户明确。

第二，为客户提供的价值清晰，因此盈利模式也是清晰的。

第三，相对于竞争对手具有优势。

2019年3月，《互联网周刊》和eNet研究院发布2018年度最佳雇主榜单。其中排名前十位的企业如下：

表7 2018年度最佳雇主榜单

排名	名　　称	业务领域
1	华为技术有限公司	信息技术
2	中国银行	金融
3	阿里巴巴（中国）有限公司	互联网
4	腾讯科技（深圳）有限公司	互联网
5	北京字节跳动网络技术有限公司	互联网
6	四川海底捞餐饮股份有限公司	餐饮服务
7	百度在线网络技术（北京）有限公司	互联网
8	中国工商银行	金融
9	中国移动通信集团公司	通信服务
10	联想集团	信息技术

排名第一的是堪称中国企业骄傲的华为。在进入智能手机领域之前，华为专注于信息与通信技术（ICT）领域，为遍布在全世界的政府、企业和机构提供设备产品和解决方案。在中国企业当中，华为是全球化布局的典范。截至2016年底，华为的客户遍及170多个国家，甚至是伊拉克、

阿富汗等战火纷飞的国家和地区，只要有客户的地方，就一定有华为的业务人员。在早年艰苦卓绝的岁月里，华为依靠拼搏和低价在爱立信等西方巨头垄断的市场中杀出了一条血路。具有高瞻远瞩和坚定信念的企业家任正非认为这是不可持续的，作为通信企业，最终要在科研技术实力上与竞争对手一较高下。华为在研发方面的投入与营业收入的比例常年保持在15%左右，其2018年研发经费总额超过113亿欧元，位居全世界企业前五位。正是在科研方面的持续高投入，华为逐步提升市场份额，直到稳居行业第一的位置。按照之前的三条标准来审视一下，华为认为只要是有通信需求的地方就有自己的客户，为了争取客户不惜一切代价。为客户提供的价值就是价格低廉、品质稳定以及技术领先的产品和服务。和竞争对手相比，最开始仅仅是价格低，而随后逐步在品质和科研水平方面实现反超，从而拥有了全方位的优势。这当然是值得加入的好公司典范。

我们再来看一下海底捞，它作为一家餐饮企业在一众高大上的企业当中显得卓尔不群。打开大众点评网，海底捞的门店通常都会位于所在城市美食综合排名靠前的位置。每到周末节假日，为了吃一顿海底捞排上三四个小时的长队是很正常的事情。早在10年前的2009年，北京大学访问教授黄铁鹰主笔的《海底捞的管理智慧》就已入选《哈佛商业评论》中文版。随后在此基础上出版了《海底捞你学不会》一书，也已经成为研究中国企业管理的代表性著作。中国人可以说是世界上最注重吃也最会吃的国民。开餐馆火一时容易，年复一年地火，特别是像海底捞这样实现标准化可复制地火，甚至在香港成功上市的公司堪称奇迹。在我看来最底层的秘诀仍然是满足乃至超越客户的期待。作为一家火锅店，单论味道、环境或服务，每一个维度海底捞恐怕都很难被认为是绝对第一，但是综合起来，能够超越海底捞的就是极少数了。

理解和判断公司绝不只是专业投资人的事情，作为应届毕业生，进入什么样的公司工作就是人生这一阶段最重要的"投资"。试着像投资人一样研究公司，做一个对自己前途负责的人。

第二部分

明确原则

扫码观看

西瓜视频

哔哩哔哩

考研决策模型：

你适合考研吗？考研到底值不值？

> **雾中子**
> 亲测很多行业都是本科生友好的，而且考研难度好大、机会成本好高。更何况，读研说白了就是续费2-3年的学生身份来找工作。所以，考研不是唯一出路，或许直接去职场试炼才是最优解。

> **曾君宝**
> 哇谢谢学姐，真的醍醐灌顶～准备考研难度大、压力大、成本高，我真的要好好考虑一下加入求职大军了，送三连啦！

第六章　独立思考

> 只教人专业知识是不够的。这种教育培养出来的人可以成为一个有用的机器,却成不了一个人格完整的人。重要的是,要让学生对"价值"有所理解并获得切身的感受。学生必须对何为美以及何为道德上的善有敏锐的辨识力,否则只是靠那点儿专业知识,更像一只训练有素的狗,而不是一个均衡发展的人。学生必须学会理解人们的动机、幻想以及他们所遭受的苦难,以便获得正确的态度与他的同胞及其共同体相处。
>
> ——爱因斯坦《我的世界观》

独立思考是一个广义命题,我们先狭义一点,谈一谈关于个人职业发展路径的独立思考和决策。在一切之前我们还需要先界定一个问题——当我们谈独立思考时,我们究竟在谈什么?

当我们无法准确地界定一个问题时,我们可以先从他的反面去思考，想一想什么不是独立思考，以及我们为什么不选择这种思维模式。我们似乎可以轻易地列举出几个原因：第一，独立思考不是人云亦云，哪怕大多数人都选择如何去做，也不是我做出决定的理由，我需要自己的判断。第二，独立思考不是拿来主义，即使现在网络上或者媒体中存在各种各样的观点甚至现成的答案，我在判断时仍旧需要调用个人经验，并养成对信息本身进行验证的习惯。第三，独立思考不是怀疑主义，面对复杂的真实世界，有时候我们得出了自己的答案，有时候我们没有，有时候我们坚持自己的意见，有时候我们认同他人的看法，所以独立思考并不意味着否定一切，而是让信息经过"我"的大脑的加工和处理，做出尽可能理性客观的判断和决策。

《了不起的盖茨比》的作者菲茨杰拉德曾说过："对一流智力的考验是这样一种能力：脑子中同时持有两种截然相反的主张，但仍然具有行动的能力。"我们可以姑且认为，独立思考就是面对复杂的情形，在尽可能多地收集信息的前提下，运用理性思维和逻辑思考，结合个人经验和外部意见，独立做出判断或决策的过程。

独立意识：你以为你以为的就是你以为的吗？

你的自我意识是从什么时候开始的？

心理学上有一个测试自我意识的经典实验：在小宝宝熟睡的时候，我们在他的鼻子上点一个红点儿，当他醒来后，让宝宝照镜子，如果宝宝去擦镜子上的红点，那他可能还没有自我意识；如果宝宝看着镜子里的自己，摸摸自己的鼻子，那么说明他已经有自我意识了。实验数据显示大部分婴儿会在21个月以后出现这种行为，也就是说，人类在幼龄早期就能够意识到甚至开始思考自己的存在。

随着孩子的成长，以及与家庭、学校和社会互动的增强，有些人的独立意识得到了保护和鼓励，也有些人的独立意识受到了忽视甚至打压。尤其是对经过了十多年"标准答案"和"应试教育"洗礼的我们来说，要重新找到独立的自我和意识，也并不是一件容易的事情。在找回独立意识的过程中，蒂姆·厄班提出的"欲望八爪鱼"模型，可能会带来一些启发。

认识你的"欲望八爪鱼"

科技博主蒂姆·厄班（Tim Urban）是知名科技博客"为何等待"（Wait but Why）的作者，他致力科技、心理、社会等话题的深度长文写作。在当今这种流行碎片化阅读的时代，他的文章动辄几千甚至上万字，却仍然大受欢迎。"Wait but Why"官方中文公众号对这位作者的介绍是这样的：

"蒂姆·厄班是埃隆·马斯克（特斯拉创始人）强烈推荐的科技博主。他写的人工智能（AI）文章是全世界转发量最高的。他的粉丝还包括：脸书（Facebook）创始人马克·扎克伯格，脸书首席运营官谢丽·桑伯格等。蒂姆也是TED演讲平台上有史以来最受欢迎的演讲者之一。"

蒂姆写过一篇名为《职业的选择》（How to pick a Carrier）的文章，中文版发表在《读库1902》上，由谢熊猫君翻译。作者认为，社会会告诉我们很多东西，包括我们在职业中的追求，以及职业的各种可能性，但"社会"对"我"想要什么却知之甚少，而"我"肯定比"社会"更有资格决定什么最适合自己。全文最有启发性的一个观点就在于，我们首先要通过"欲望八爪鱼"的模型，想清楚"自己是谁""想要什么"，才能应对现在快速变化的职业场景，做出最适合自己的职业选择。

在这篇文章中，蒂姆提出了"欲望八爪鱼"的概念：人有很多欲望，这些欲望像八爪鱼一样有时互相缠绕有时又互相冲突，它们隐藏在我们的行为背后，驱动着我们的生活，却又难见其全貌。

"欲望八爪鱼"主要有五类触手，其中"个人欲望触手"主要追求个人满足感，看似显而易见却又容易被忽略，如果一个人非常成功却不快乐，可能是因为他奋斗的领域并不是自己感兴趣的方向；"社交欲望触手"主要关注别人对自己的想法，追求更高的自尊，有时会评判他人，有时则会取悦在心理力量上掌控你的那个人；"生活方式触手"追求的基本是休闲放松，或者说"岁月静好"，但问题是，如果你过分追求安逸生活，恐怕很难让其他触手满意；"道德欲望触手"则反对自私和自我享受，认为除己之外的触手都是"没有良知的浑蛋"，它唯一在意的是道德、公益和社会影响；"实用主义触手"追求的唯一目标就是生存，它不断检查你的生活并做出补救，它的存在可以保证你不饿肚子。

欲望八爪鱼复杂而又矛盾，甚至在同一类欲望的内部也充斥着各类冲突，还有很多欲望隐藏在你的潜意识里，难以区分。面对这些面目模糊的欲望，我们可能需要一些

"拷问"技巧,蒂姆的建议是用"为什么游戏"来解决这个问题。

每当我们捕捉了欲望,我们要问自己"为什么这是我想要的东西",接着我们要继续提问"为什么这个原因会让人产生渴望?为什么这个原因能在你心中占有如此的重量?"当我们反复地追问这些问题,一次次获得答案,我们最终将会得到三种可能的答案:

第一种,你找到了这个欲望的起源,它源自你的独立思考,这个欲望并没有戴着面具;

第二种,这是一个外来观点的植入,比如"我妈让我考研究生",但事实上你并未同意这个观点(如果你同意了,那么这类观点就变成了第一类),此时"考研"的欲望就戴着面具,让你误以为是自己想考研,这是一个典型的"冒名者";

第三种,你在追问中迷失了,你并不知道为什么,但是又觉得这是对的,这类欲望的归属并不确定,但它们很可疑。

持续的追问并不是一件容易的事情,但它能让我们正视自己最深层的需求,赶走那些被"冒名者"主宰的欲望,更接近真实的自己。正如蒂姆所说,"认识到真正的自己是非常艰难而且永远不会结束的一段旅程",但只要你开始认真进行"欲望八爪鱼"的分析练习,你就已经迈出了最重要的一步,开始不断确认自己的独立意识,也开启了独立思考职业发展道路的进程。

路径选择:大学生活的正确打开方式

没有人能满足所有欲望,也没有人能回避所有恐惧,我们必须学会选择、牺牲和妥协。进入大学我们就开始面对诱惑和欲望,也有人陷入了深深的焦虑——这么多不同的生活方式,我该如何选择?

有的人从大一开始就目标明确信心满满,有的人踌躇犹疑举棋不定;也有的人今朝有酒今朝醉,不谋划未来;更有人将这个复杂问题简单粗暴地归结为"出国、保研、考研和工作"四件事,只从执行层面做最简单的选择题。

事实上,这类问题并没有正确答案,每个人都应该找到一条最适合自己的道路,但是在进行选择时,我们可以遵循以下几个前提。

前提一 尊重自己

在做所有的选择之前,你首先要尊重自己,先别管家长、老师、室友怎么说,先想想你要什么。选择很重要,但做出正确选择的前提是充分了解自己。那么如何了解自己呢?答:实践,努力实践,拼命实践。然后在实践中,发现自己擅长的领域(或者是你通过努力能切实变得擅长的领域),然后在这些领域中选择一个你最不讨厌的,思考如何把它做到最好并继续做下去。请注意,是你"擅长"的领域而不是你"感兴趣"的领域。根据"比较优势"理论,只有做你擅长的事情,才会有更多的机会立足社会。另外,一定要实践与思考两者并重,如果做不到兼顾,就多实践。实践不是实习,学习也是实践的一种,实践的反义词是空想。

举个例子:高等数学是经济学的重要工具,但的确有很多经济系的学生数学不好,这时候他有四种选择:1.拼命学,至少让数学这块短板变得足够长(对80%的人有效,但是如果努力了足够长的时间还没有提高就要及时学会放弃或转换);2.在校期间达到条件转专业,转到语言学、法学等一些不需要数学工具的专业;3.完成本科学业,并且在这期间探索自己特别有优势的学科,通过考研转到自己更有优势的专业;4.完成本科学业,并且在这期间发现自己适合的工作类型,在选择工作时选择不需要跟数学打交道的工作。

对第一种选择，学的时候要注意方法和技巧；对第二种选择，转专业有很多前提条件要达到；对第三选择，要注意"有优势"不是拍脑门想出来的，一定要有课程成绩之类的硬证据佐证；对第四种选择，实习和学生活动相关的经历会有一定的帮助，你会在这个过程中发现自己擅长的领域，比如组织、策划、演讲等。

前提二　人生路长

知乎上有一个很火的问题，很是有趣。

题目是"为什么大学毕业三四年之后，同学们的差距会这么大？"

题主说："刚参加完一个大学同学聚会，往日的同学们全都变了样子。当年彼此之间相差并不大，但是现在再看大家简直天差地别，有的连续三年公务员没考上，有的当了小老板，有的自己创业，有的升任部门总监。大家说话的语气、动作和神态跟读书时判若两人，我突然都觉得不认识他们了。怎么会这样？"

为什么会这样呢？

我们可以从横向、纵向和时间三个维度来看看这个问题。

首先，横向来讲，就业方向不同，环境不同，出现差异是很正常的情况,原来一起上课一起打游戏一起玩耍的同学们选择了不同的行业,从工作的那一天起大家就进入了不同的环境,选择了不同的"打怪升级"模式,自然各人修习的技能也会千差万别。在基层做了三年村官的"张乡长"碰到出入国贸的老同学"Mary Wang"自然是难以投机;每天为创业忙得焦头烂额的"合伙人""CEO"们,碰到整日埋首文献烟海的博士们也是话难投机。所以从某种角度来讲,我们在大三大四时做出的选择不仅是选择一份工作或者一个学位,也是选择了一个新的工作方式和生活方式,不可不慎。

其次,纵向来讲,毕业后的五年是职场新人的快速成长期,人的变化较大,这个阶段也能有机会学到更多东西。个人技能值增长的斜率较高,如果没能抓住这个机会尽快提升自己,人和人的差距就会变大。有的人家世显赫,站在父辈的肩膀上登高望远,自然眼界较高;有的人勤学善问,用自己的目光洞察世事,也有一番处世之得。有人只看到眼前的苟且,有人却能看到简单生活里开出的花,立场不同境界不同角度自然不同,当环境变化,人与人之间的差异也开始显现。

职场的残酷之处就在于,一旦你错过了疯狂学习提升自己的黄金时期,再想在激流勇进的职场中获得提升,就会变得很困难。然而，困难并不代表没有机会，因为还有下面这个，更强大的维度。

最后，也是最重要的，就是时间维度。人生毕竟是长跑，不要在乎一城一地的得失，而需要持续不断的努力。因为在人生的每一个休息站，都有人停下来，不再前进。人生最像的其实也不是长跑，而是登山，我们从不同方向不同角度出发，开始攀登，会分别登不同领域不同大小的山头，其中很多人失败，很多人放弃，很多人选择了玩耍，很多人根本就不爬，但是总有一些伟大的人，从不停歇，从不止息。直到他们在最高的那座山峰胜利会师。所以人们说，条条大路通罗马。

在这样的一场生命历程里，你最后走过的距离一定是速度乘以时间。对人生的长度来说，毕业以后三四年之内的差异只是速度，无论快慢，坚持往往比初速度重要得多，有人年少成才，有人厚积薄发。在攀登的路上，只要不停下，我们就一定会离山顶越来越近。

所以，谨记人生路长，毕业以后三四年的差距既重要也不重要，关键是你是否一直在进步，是否一直在超越自己，是否一直前进在自己的山路上，尽管崎岖，却不曾止步。

前提三　良性竞争

凡事除了自己，也多为别人想想，学会换位思考。经济学中的理性人假设指出，人是自利的，并且追求利益的最大化。但问题在于这只是个假设。事实上，绝对的"理性人"并不存在，过度的自利只会让人变得狭隘，局限你的目光和发展，让你画地为牢。人与人之间的交往，需要的是信任、尊重和互助，而不是精致的计算和表里不一的敷衍。大学的同学情谊，将会在数十年之后成为一个人最为重要的精神归属，而不是四年即抛的擦肩而过。

树立正确的竞争心态。竞争的结果很重要，但不是唯一的。高中的时候大家都知道"人生是长跑"，都知道"胜败乃兵家常事"，反倒是很多人在拼命考进大学之后不敢面对竞争了。我们本不该如此害怕失败。我们正年轻，所有的经历都将成为未来人生的养分，无论是胜利还是失败，都不该阻止我们向内认识自己和向外探索世界的脚步。只要我们不停止追寻，就一定可以离梦想更近一步。至少在学校阶段，或者在工作的前十年，竞争的意义并不在于打败谁，而在于成长自己。

敢于尝试，敢于胜利。我在工作中常常接收到学生们的咨询问题，感觉大家都在害怕，怕考研考不上，怕就业竞争激烈，怕出国太昂贵。刚刚20岁的孩子们，就已变得患得患失，不敢尝试。如果活着只是为了一路平稳地走到终点，这样平庸的生活，该有多无趣？对这个并不完美的世界永远保有一颗善意而好奇的心，才是我们应该追求的。

所以，无论是深造还是工作，这些所谓的目的地其实并不是终点。希望我们永远年轻，永远热泪盈眶。

遵从本心：如何找到"向往的生活"

如今大学生的主体已经是00后，作为出生和成长在国家快速发展阶段的一代人，自信和独立是这一代与生俱来的标签。但是从实践观察来看，在面临毕业和就业的关口时，迷茫和犹疑不决的同学仍不在少数。认识自己第一步，就是确定决策的依据和逻辑基础。

解决所有问题的通用路径是承认这种迷茫的状态。其实产生这样的情绪再正常不过了。绝大多数的同学在面临就业选择之前，做过的最大决定无非是要去哪座城市上哪个大学读什么专业，并且选择的单一筹码是分数。只要你分数高，你就有资格优先选择，分数不够的时候就只能拣高分学生挑剩下的。而关于就业这件事情，不仅选择标的复杂，更复杂的是多元的努力方向。当好成绩不再等于好工作的时候，我们该往哪里去呢？

"Follow your heart（听从你的内心）"是一句极具感召力的心灵鸡汤。我相信谁都希望成为自信果决"知道自己要什么"并为之奋斗的人。然而当我们试图凝神谛听自己的内心时，最可怕的就是静默无声。一个惨痛的事实是，如果从小在哪里上学，报什么样的兴趣班，和谁谈恋爱等事情都是由家长或者其他人做主，那么在就业时希望自己拥有自主且有效的思考几乎是不可能的事情。

倘若你就是这样的情况，我想再次强调，请不要再随波逐流，以就业思考为起点，磨砺自己独立思考的能力吧。

通常而言，"毕业季"是指，即将穿上学士服，向校园生活作别前的1—2个月。而我则会向同学们传递这样的观点："毕业季"至少是指最后这一整年。仅仅在365天之后，一位按部就班、有着固定路径和目标的、从幼儿园算起已经读书20年甚至更久的学生，无论是否情愿都将进入社会，成为每年近1000万应届毕业生中的一员。这个过程，在我看来足可称得上人生中"惊险的一跳"，即使是用1年时间来准备，也需要分秒必争。

"自己究竟适合做什么"是用这一年时间去发现和探索的,本节内容实际上就是我推荐给你的旅行地图:方向—城市—体制—行业—公司—岗位(offer),保持耐心做好准备,我保证这将是充满趣味惊奇也具有重要意义的一段旅程!

当然在这里我也给你推荐一条关于决策的通用方法。李笑来在《财富自由之路》一书当中推荐的决策机制是"听大多数人的话,参考少数人的意见,做自己的决定。"对应到大学生求职的场景当中,具体是这样三个步骤:

1.观察"大多数"学长学姐的去向

这一步骤的关键在于对"大多数"的定义。对你而言最常见的"大多数"就是本校同专业的学长学姐们。法桐老师是韩语系的本科毕业生,毕业季时全班30名同学,接近一半在国内或者去韩国继续攻读研究生,10人左右进入与韩语相关的公司,其他几位分别去备考了公务员或是进入了其他与韩语无关的公司。读研以及从事与本专业相关工作就是小语种毕业生最主要的去向。如果你是从外省市来到北上广深等一线城市求学,那么你老乡会里的学长学姐们也是值得研究的"大多数"。你可以通过样本调查,大致摸索出他们留下和回家乡的比例。再比如你大学期间把许多时间、精力都投入到学生会或者社团活动当中,那么前任学生干部毕业后的去向也值得你参考。

本质上,你要寻找的"大多数"是与你拥有相似特质和经历的学长学姐,掌握他们的主要去向,一一记录下来,很大程度上就是你未来去向的"长名单"。

2.参考少数人的意见

顺着上一条原则,首先,最值得你参考意见的人就是那些与你拥有相似特质和经历的学长学姐。抱着求教求知的心态,约上已经工作的他们吃顿饭聊个天,你将收获关于"对应职业"最真实的一手信息。其次,就是和辅导员或者班主任聊聊,一方面他们对你的情况比较了解,另一方面如果你的就业去向与专业紧密相关,他们因为工作的关系已经成为相关领域的专家,对学生在对应行业能够达到的发展高度有精准的判断。最后,去咨询行业或者职场资深专家。今天,通过"知乎""在行"等互联网平台,花几百块钱就可以预约专业人士的求职辅导,帮助你以最快速度了解职场,拓宽视野。

3.做自己的决定

我与法桐老师在做职业规划咨询的过程中都发现了

一个很有意思的现象。的确有一部分同学是对职业的思考不充分，没有思路。但仍有很大比例的同学其实能够做出分析，但是却不敢下判断做决定。法桐老师遇到过一位同学C，因为高考志愿填报失误，学了一个自己并不喜欢的专业。大学生涯之初他斗志昂扬，除了学习之外，参加学校和学院两级学生会，三个社团，并且报名参加自己感兴趣的专业选修课。但是一个学期之后发现大学生活令他焦头烂额，成绩也下滑得厉害，其他各类活动经常会顾此失彼。随后C开始陷入焦虑和颓唐之中。他找到法桐老师做咨询，反复使用的句式是，"如果我选择了X，放弃了Y，最后发现Y其实对未来发展更有用怎么办"。最开始，法桐老师还和他分析每一件事项可能的投入产出比，但C仍旧犹豫不决。最后，法桐老师不得不给他一记"当头棒喝"："你现在不停地思考如何做选择才能损失最小，但是你不做选择本身才是最大的损失。"

的确，做出决定就意味着取舍，这是需要勇气的。而勇气源于对自己发自内心的相信。这种相信不需要前提，但是需要成功的经验来滋养。如果从人生的维度来看，年轻时做出决定机会收益远高于机会成本。而在这个阶段通过实践历练出自信，那将是受用一生的宝贵财富。

相信"相信"的力量,相信自己是值得自己相信的那个人。

❓ 课后问答:

关于我的发展,父母总有太多建议,我该听他们的吗?

与父母的关系是我们在职业发展咨询中绕不开的话题,而在具体工作中,关于父母的建议常常以两种方式展开:

第一种是"服从型",这一类同学对父母的要求非常清楚也愿意遵从,补充上自己的具体情况,希望得到我关于发展方向的指导。比如说,"我妈让我考研,必须读研,但是我有挂科,肯定不能保研了。我该考哪个学校的研究生呢?是否有必要转专业呢?"或者,"我爸让我毕业以后一定要回家乡工作,但是我也不了解找工作的情况,我该怎么办?"等等

第二种是"对抗型",这一类同学的自我意识更强,对自己下一步发展的方向十分明确,但却与父母要求相左,希望寻求外界帮助。比如说,"我想做自媒体,但是我爸妈想让我去考公务员或者进国企工作,我该怎么

办?"或者,"我真的不想再学下去了,也不想考研,也考不上,但是我爸妈必须要我读研,怎么办?"等等。

以上两种类型看上去截然相反,但本质上是同一个问题,其中隐藏的几个关键点都是一致的:第一,无论我们是否认同,父母的观点对我们非常重要;第二,对下一步发展方向的问题本身,我们必须要有自己独立的判断;第三,一旦存在分歧,我们该如何与父母沟通。解决了这三个问题,上述各种问题就都有了解决的途径。

第一,父母的观点非常重要。这一点必须要强调,我们不能为了讨好部分读者或者部分同学,就鼓动大家"勇敢做自己""走自己的路,让爸妈头疼去吧"。要知道在未来发展的道路上,父母最理想的角色是我们的"战略合作伙伴"而不是"别有用心的敌对势力"。无论他们是否认同你的观点,都是无法忽视的力量,因为他们绝对具备影响你选择的能力。另外,很多父母常常会反复强调一些让"热血青年"无法忍受的"俗气"观点,这些青年可能需要用上很长时间,才会发现,有些俗气的建议竟然也俗气得很有道理。

第二,要有自己的独立判断。有一个残酷的事实是,在职业发展这个问题上,其实没有人能给出对你最负责任的回答,除非是你自己。我们常常会听到很多建议,父母的,老师的,同学朋友的,学长学姐的,每个人或许都是真心在帮助你,但只有你才是最终承担选择的后果的人。因此,你必须认真思考每一片关于发展的拼图,扔掉不需要的部分,最后拼凑成最接近真相的图样。正是在这个去伪存真的过程中,你才能掌握独立思考和判断的能力。

第三,如何与父母有效沟通。有了自己的判断就难免会与父母产生分歧,但是本着对自己的未来负责的态度,我们必须学会与父母进行有效沟通,这里推荐小毕老师总结的"行胜于言原则",简单来说,就是能去现场看的,不要口头说;能直接出成果的,不宅在家里想。应用到发展问题上,如果你觉得这个职业足够好,那就让父母亲眼看到你未来可能的学习/生活/工作环境;如果你已经找到自己向往的发展方向,不要把时间浪费在和父母的辩论上,拿出一个假期或者一个学期的时间做出一定的成果,争取到相应的实习机会/录用通知/具体职位等,用成果来说服他们,同时对自己的选择也是一个验证。

总之,在关于父母态度的问题上,我们要先用成年人的方式思考才能解决问题,才有机会让父母用对待成年人的方式对待,并尊重你。

小孩子才光说不干,成年人知道行胜于言。

第七章 量级思维

量级思维:建立判断取舍的底层逻辑

如果你对"量级"的概念比较陌生,那么就先了解一个近似概念"数量级"。数量级每差出一级,数字大小相差10倍。比如平方和立方的关系。而"量级"是比"数量级"更大的概念。如同西瓜和芝麻在大小上的本质差异。

为什么要理解量级呢?吴军博士提出过一个简洁清晰的公式,揭示了职场成功的秘密。

成功=成功率×事情的量级×做事的速度

也就是说如果你做的事情量级很小,那么即便成功率100%,做事的速度远超平均水平,最后的成就也不会很高。目前人类百米纪录仍然由博尔特保持,9秒58,相当于时速37.57公里。竞技体育代表着人类对自身极限的挑战,永远值得追寻。但如果只考虑位置移动,70岁的老人家开车也会轻松胜过世界冠军。步行与驾车之间,就是量级的差异。

有一句古话"捡了芝麻,丢了西瓜",就是形容在具体判断取舍过程中,没有尊重量级差异,导致收获有限。仔细想想,这样的情况每天都在发生。

——为了买到最便宜的衬衫,逛遍了商场,用两个小时节省了10块钱。

——出门旅游在景点A游玩超时,结果错过了前往景点B的最后一班车。

——考试时在一道选择题上纠结了20分钟,结果最后一道30分的大题已经没有时间再做了。

——应聘一家很心仪的公司,但是offer给的月薪比预期少1000块,试图通过拖延再争取和沟通一番,结果公司另找他人了。

……

所谓量级思维其实包含两个步骤:

第一,建立标准,以此判断不同选项的量级大小;

第二,坚定取舍,没有完美无缺的选项,我们必须拥有舍小取大的勇气与决心。

我总认为国际象棋与围棋的对比十分有趣。有时候，你面对的局面就像是国际象棋，根据规则就可以了解到王后的子力大于车，车大于马，以此类推。换言之，量级的大小一目了然。本着量级大优先的原则，尽可能先移动子力大的棋子往往更容易接近胜利。但更多时候，你面对的局面更像是围棋，棋子彼此之间没有子力差异，只有位置的区别。下围棋的过程本质上就是不断去判断哪个位置是现阶段盘面"量级"最大的。判断越准确胜率就越高，在人生的棋局上也如此，对于量级的判断和取舍越清晰越正确，花费同样的时间精力，成功的概率就更高。这就是所谓的"选择大于努力"吧。

关于量级的判断并没有通用的标准答案，在这里我会给你分享我基于思考总结形成，也亲测有效的三条原则。

资源优先级：注意力＞时间＞金钱

时间＞金钱这个观点相信你并不陌生。那么注意力＞时间呢？举个例子，为什么许多同学觉得在考试前1天临时抱佛脚非常有用，最后压线及格的军功章主要是那一夜的功劳呢？显然不是因为时间长，一晚上即使通宵不睡一夜也只有12个小时，而是因为前所未有的"注意力集中"。人类拥有这样一种能力，即使身处嘈杂的室内环境，比如鸡尾酒会，各种声音互相交织混响，有好多人同时在说话、餐具的碰撞声、餐厅的轻音乐等等。但是只要你想，仍可以专注与朋友交流，其他所有声音都成为了被忽略的"背景"。这种现象被称为"鸡尾酒会效应"。这是长期进化过程中，上天赋予人类的一种技能。仔细想一下，一个人达成一切成就，小到阅读一篇文章，大到登上月球，都是以"注意力集中"为前提的。而时间的堆积并不天然等于注意力集中，这方面我想就不用举例了。

如果发自内心地真正理解和实践这个简单到不能再简单的公式，人生中大多数的纠结，都会得到清晰的答案。那些为时间和注意力而付出的金钱，都是值得的。在承受范围之内，无论是实物还是服务，更贵的通常也是最正确的选择。比如说，大学图书馆自习教室的座位非常抢手，走出校园，职场人也愿意为星巴克咖啡买单，本质上是因为对应的环境能够帮助你集中注意力。再比如刚走出校园的毕业生工作后都需要租房子。在收入有限的情况下，究竟是选择距离公司近一点的小房子，还是选择距离远但是足够舒适的房子呢？按照以上公式，应当坚定地选择前者，因为会帮助你节省下宝贵的通勤时间，可以用来学习、健身，甚至是充足的睡眠。对于刚工作的年轻人来说，这是一个量级远大于舒适度的因素。

时间优先级：做未来的朋友

2017年9月10日，阿里巴巴集团迎来了自己的18岁生日。来自全球的近4万名员工相聚在总部所在地杭州黄龙体育场，共同庆祝这个日子。1999年，马云等18位创始人在一间民宅中敲下第一行代码，18年后，阿里巴巴成长为世界一流的互联网企业之一，他们有理由自豪和骄傲。当晚，马云在讲话中提到"绝大部分人是因为看见而相信，很少部分的人是因为相信而看见。我相信，过去的18年阿里人是因为相信，我们才有今天"。

回顾阿里巴巴的创业史，蔡崇信的加盟是一个神奇的故事，也是"因为相信所以看见"这句话最好的诠释。1999年，当时35岁的蔡崇信从耶鲁大学毕业，在北欧地区最大的工业控股公司Invester AB香港工作，负责亚洲业务，因为工作关系开始接触马云和刚刚成立的阿里巴巴。

几次交流下来他非常认可马云的创业理念，于是向公司推荐投资。但是公司并没有采纳他的建议。接下来发生的事情可能小说都不敢这么写，蔡崇信辞去了当时年薪70万美元的工作再次来到杭州，在西湖游船上主动告诉马云自己要加入阿里巴巴。马云当时也难以置信，毕竟，他只能为蔡崇信开出人民币500元的月薪。后来的故事为世人所熟知，蔡崇信成为了阿里巴巴集团的CFO，一手设计了公司的股权架构，为年幼的阿里巴巴拉来了救命的投资。再后来，蔡崇信成为阿里巴巴集团执行副董事长，唯二的永久合伙人（另一位是马云），目前，他持有的阿里巴巴集团股票市值接近800亿元。

蔡崇信这样的人物被认为是具有远见卓识的，并且看似不可模仿。实际上，我们每个人在做量级判断时，都可以加入时间的维度，从未来的视角审视今天的选择。坚定下注那些在未来的日子里会越来越有价值的人和事。比如说，大学里要不要谈恋爱。从不同的角度思考自然会有不同的结论。大学期间的恋爱可能不成熟，可能会占用时间精力，影响学业，等等。但是如果我们把时间因素放进来看，在漫长的人生岁月当中，大学生涯是独一无二的，而大学期间的恋爱，那些青涩和纯粹是不可复制的，随着时间流转能够越发绽放出光辉。这些可能的"所得"在量级上显著高于可能的"损失",更何况美好的恋爱完全可以促成更好的发展。所以大学期间谈恋爱,即使不是必须,也是应当追寻的目标之一。

路径优先级:多数人的选择并不一定正确

高瓴资本是亚洲地区资产管理规模最大的投资基金之一。投资清单中有一连串闪耀的名字:百度、腾讯、京东、携程、去哪儿、Airbnb、Uber、美的、格力、中通快递、蓝月亮、滴滴出行、美团、蔚来汽车、孩子王、摩拜单车……创始人张磊提出过一个有趣的概念——"傻瓜时间",面对一个项目或一个产业,绝大多数人都认为不仅不是机会而且是一个陷阱,如果你投资这样的项目,所有人都会认为你是傻瓜。然而,一旦"傻瓜"时间过后,越来越多的投资者发现这是机会,资金蜂拥而至,投资价值就会持续递减,直至消失,甚至成为负价值,此时窗口就关上了。比如早年的京东就是一个典型的案例,因为不同于纯平台的"轻模式",在自建物流领域下了重注,导致账面长期亏损,不被当时的投资人看好。只有张磊、徐新等极少数投资人认为京东通过自建物流将打造出独特的竞争优势，坚定下注，直到京东在美国成功上市，他们也赢得了数以百倍计的回报。

我再举一个例子，在赛道上比100米，博尔特是全人类速度的极限。但是假设，距离100米以外有一块5公斤重的金子，谁先抢到算谁的。而赛道的起点上站着1000个跃跃欲试的人，这种情况下恐怕博尔特自己也没有信心一定胜出。很多时候，所谓"大多数人都这么选"，未必代表着正确，倒是意味着绝对的竞争激烈，最后的胜出大抵和实力无关，而仅是在赌概率。

在日常工作和职业规划咨询过程中，经常有同学和我说，"毕业时我想去考研，因为专业里的人都在准备考研"，"毕业时我要去考公务员，因为家里人都劝我试一下"。无论是考研还是考公务员，作为一个选项本身没有问题，但是因为"别人都在准备"或者"家里人都觉得"而去做选择就很有问题了。以考研为例，决策过程中思考的问题应当至少包含以下"灵魂三问"：

- 我为什么要考研？
- 我适合考研吗？
- 如果确定要考，那么我究竟要考哪里的研究生？

在上述问题都没有认真思考过的情况下，就去盲目投入考研，你最终的命运无非是出现在"今年考研大军人数又创历史新高"的新闻中,成为那万千个凑数的分母之一。《圣经·马太福音》有这样一段记载"耶稣说:你们要走窄门,因为引到灭亡,那门是宽的,路是大的,去的人也多。引到永生,那门是窄的,路是小的,找着的人也少。"的确,人类作为群居动物,他人的意见往往会对个人决策产生很大的影响。假设个人决策正确的情况下,与多数人的意见不一致时,会带来什么样的结果呢?用一张简单的图表就可以说明。

表8 决策收益分析表

个人决策	多数人意见	实际结果	个人收益
正确	正确	正确	平均值
错误	正确	正确	负值
正确	错误	正确	远高于平均值

所以人世间最有价值的就是你个人判断正确,而多数人判断错误或者视而不见的选择,正如在"傻瓜时间"里,那个傻子才是最大甚至是唯一的赢家。并不是每个人都在做投资,但是每个人都必须不断地做出人生选择。我们当然不是建议大家刚愎自用不听劝告,但你必须明白如果只是随大溜,最好的情况也只是达到一个平均值。想要收获超出平均值的成功,首先需要独立思考才能不再做盲

目的选择。这种选择能力只可能来源于自身有意识地练习，而不可能来自任何书本或者旁人。如果可以，我会建议你在不是那么紧要的问题上，先尝试一下与多数人意见不同的选项，坚定自己选择的决心和能力。哪怕最后被证明失败，在损失较小的情况下也可以借此建立和不断完善自己专属的选择决策逻辑。

与建立和不断完善自己专属的选择决策逻辑相比，在小问题上可能遇到的损失，就是一个量级小到可以忽略的选项，因此，独立思考，然后大胆选择吧！

课后问答：

掌控焦虑——你的心态，究竟是谁说了算

每年给新生上《大学生心理》和《思想道德修养与法律基础》等课程的时候，我都会对班上的学生做一个心理调查。几年下来，发现一个值得关注的现象：在有限的样本中，大学新生关于未来发展的"焦虑值"持续提高。也就是说，很多人刚刚成功闯过高考的独木桥，就已经开始为长期发展而感到焦虑了。

这些焦虑，一部分来源于对自己过高的期待，甚至是完美主义的自我要求。而这种自我期待，往往源自心

理定向（Mindset）的差异。斯坦福大学心理学家卡罗尔·德韦克（Carol Dweck）在《心理定向与成功》一书中提出了两种思维模式，分别是发展型心理定向和固定型心理定向，前者相信先天条件的决定性作用，倾向于"自我证明"，后者则更相信后天努力的成果，倾向于"自我完善"。

关于这两种思维模式的差异，书中有一个非常经典的例子。作者发现，仅仅是分别表扬学生"聪明"（固定型思维定向）和"努力"（发展型思维定向），就可以让本来学习成绩相同的学生在随后的实验中产生差异。被表扬"聪明"的孩子成绩下降了20%，而被表扬"努力"的孩子成绩提升了30%。因为那些认为自己应该"聪明"的孩子，学到的是把犯错灾难化，而那些被鼓励要"努力"的孩子，学到的则是要从错误中进步。

因此，如果我们想克服这部分源自思维模式的焦虑，就需要有意识地分析自己的思维模式是否过于固定，是否消耗了过多的精力在自我证明上，并有意识地调整思考的方式。比如，想要找一个好工作并不是为了证明你依然是"别人家的孩子"，而是希望能找到一个适合自己的平台，给自己更大的提升机会，即使一开始没有找到特别理想的工作也没关系，我们仍旧可以越来越好。

还有一部分焦虑,源自过多的未经验证的信息——焦虑也是可以传染的。在大学,我们见过太多没被证实的"传说":诸如某某专业如何如何差劲,将来根本没办法找工作;某某学院过于严格,学的都是无用的东西;某人丝毫不努力却轻而易举地拿到了某大公司的offer,某人勤勤恳恳却无一斩获,就业市场全是黑幕,毫无公平,洗洗睡吧,云云。

这些"负能量"因为吸人眼球而具有超强的传播力,对初入大学的"萌新"们也有着超强的"杀伤力"。这甚至形成了一种恶性循环:说话的人歪曲事实不负责任,传播的人添油加醋任意夸大,听到的人如果不加思考,就只能被无尽的焦虑埋葬了。

事实上,当你真正独立思考这些问题时,就会发现其实每一句话都经不起推敲,更经不起验证。要抵制这部分焦虑,关键是不能盲从,要有自己的判断。

英国作家阿兰·德波顿说过:生活,就是用一种焦虑代替另一种焦虑,用一种欲望代替另一种欲望。从心理学的角度来讲,适度焦虑有时可以调动出人体的潜能,提高大脑的专注力和反应力,能够提高人的工作效率和表现水平,而过度的焦虑则会降低平均表现水平。因此,我们的确无法消灭焦虑,我们也并不需要消灭焦虑,而是要努力掌控自己的焦虑水平。

最后，需要说明的是，本篇所谈到的焦虑仅指心理健康状态下的焦虑情绪，对于已经影响正常生活的专业意义上的"焦虑症"，则需要尽快向心理咨询中心或者专科医生求助。

第八章 以终为始

以终为始：没有目标的航行，任何方向都是逆风

在现代科技出现之前，在浩瀚的大海上航行对人类来说往往意味着九死一生。所以，那个时代出海航行极少，能够支撑航行的原动力大概分两种：一种是精神追求，如鉴真，为了向东瀛传授佛教，耗费12年的青春，双目失明仍然矢志不渝，先后6次尝试，终于成就了"东渡"的传奇；另一种是物质欲望，如哥伦布，怀着西班牙女王和他自己的财富梦想，一路西行，终于达到了他以为的"印度"，梦想成真之余顺便完成了彪炳史册的"地理大发现"伟业。当然，从全人类的视角来看，鉴真也好，哥伦布也罢，都是万中无一的幸运儿。而这份幸运的起点，是在茫茫大海上为自己确定一个终点目标。

"没有目标的航行，任何方向都是逆风"，这是一句值

得玩味的话。当你驾驶汽车时,哪怕是去往未曾到过的地方,只要打开导航软件,输入目标地点,就可以知晓路线规划,包括预计到达时间、路况等一系列信息,这时候你自然心中有底,因为每一分钟都是在向目标地点接近。可是如果你深陷一片沙漠,连东西南北都分不清楚,即使是训练有素的专业徒步运动员也会心头发紧,最优策略则变成最大限度地延长自己的存活时间,等待救援。此时,任何盲目的行动都有可能等同于自杀。

我们对于提出"目标"一词习以为常,甚至每当提及,就会被认为是又要倒鸡汤了。毕竟这年头谁都知道"没有梦想的人生还不如一条咸鱼"。很多学生可能会说,我也有目标呀:"我明年就大四了,我想找个好工作",或者"我正在准备考研呢,我想进北大"。可是,"想法"就等于"目标"吗?据说,世界上90%的人都"想"进行环球旅行,但是能够完成的人万中无一。的确,可能是因为没有钱,没有时间,但最普遍的原因是,那些号称"想"的人,可能从来就没有打开过世界地图。

在管理学上,早就对"目标"提出了十分精彩的判断标准,即"SMART"(聪明)法则,只有符合SMART法则的目标,才被认为是合格的。

S(Specific):明确具体的,不能是含糊不清的。

M（Measurable）：可衡量的，能够用客观标准特别是数字进行量化的。

A（Attainable）：可达成的，具有现实性，而不是凭空想象。

R（Relevant）：与其他目标具有相关性的，尽量不是孤立的。

T（Time-bound）：有时间限制的，确定预计达成目标的时间节点。

比如说"我想赚钱"是一个想法，而"我想在30岁时达到税前年收入100万"是一个目标。同样地，"我想有个好工作"是一个想法，而"大四下学期开学前拿到两份北京地区世界500强公司起薪达到15万的offer"是一个目标。在职业发展领域，你现在有目标吗？你的目标是什么？符合SMART原则吗？如果不符合，那么对照原则进行完善和修改，并且认认真真地写下来吧。毕竟，这代表着你迈出了从0到1的第一步。

设定目标之后，接下来的问题就是如何完成。韩寒说"虽然懂得了许多道理，却依然过不好这一生"。套用一下，也许很多人都觉得自己"制定过许多目标，却依然一事无成"。其实上述窘境显然不能归咎于"道理"和"目标"本身，而是使用方法出了问题。关于目标达成的方法，化繁为简，在这里分享我的八字箴言。

审视初心＋向下拆分

如果可以加一个修饰词，我希望是"不断地"，即

不断地审视初心＋不断地向下拆分

发现目标：不断地审视初心

自从"不忘初心，方得始终"流行起来，"初心"一词也随处可见了，这种广泛使用也代表着它十分重要。关于目标这件事情的"初心"，包含了两层含义：

- 这个目标真的是我想要的吗？
- 我对于达成目标拥有多大的渴望？

我们回看鉴真与哥伦布的例子，有理由相信，东渡与大冒险就是他们自身发自内心的目标，并且达成目标的渴望帮助他们战胜了无法计数的困难，那些达成宏伟目标的人无疑都具备这样的特征。

今天的年轻人在追求自我价值和实现自我价值方面的大胆与执着似乎没有问题。其实仔细回顾一下，在中国"做真实的自我"成为令人鼓舞的普遍共识其实并没有很长时间。在一二十年前面对当年还年幼的80后、90后，

关于叛逆的讨论曾经引发过全社会的焦虑。而伴随着80后、90后的成长，中国社会经济持续发展，这两个世代的人在总体上承担起了应有的责任，当时的担忧也被证实并无必要。我们是幸运的，生活在支持人们能够更自由地表达和行动的时代。但是，人作为社会动物，也每时每刻需要与他人进行协同合作，这就意味着与他人的目标发生交互。如果双方目标一致当然再好不过，可是还有很多时候他人目标与自身目标不一致，却不能放弃了之，这时应该怎么办呢？

我提供的方法是"意义转化"，在他人的目标中找到属于自己的意义。比如父母要求必须出国留学，以便实现他们当年未竟的梦想。但是去哪个国家，学什么，你是有话语权的，与其一味抵抗父母，倒不如把精力放在给自己找出国理由上。再比如，的确会有一些公司要求不管有没有工作任务，都必须"996"（早上9点上班，晚上9点下班，一周工作6天）。而你看在收入的份上不忍心离职，那么和苦苦坚持乃至抱怨相比，把上班变得更加有趣和有意义显然是更好的策略。刘慈欣就是典型例子，作为小城市的电厂职员，可能同事只知道吐槽工作的无聊重复，他却利用上班时间写就了《三体》。这种做法本身是否恰当还值得商榷，但是把他人目标转化为自身意义的思路一定可以借鉴。毕竟，只有当一个人的目标发自内心，才能激发出自己全部的热情和动力去追求，而不是应付了之。那些能熟练地把他人的或者组织的目标转化为自身意义的人，不仅更容易感到快乐，也显然有更高的概率赢得成功。

目标不仅要来自自己的内心，更要和内心的渴望相匹配。所以激发渴望也是一个重要的命题。具体的方法仍然要围绕"意义"做文章。

一种方法叫作"意义量化"。通过量化的方法，使意义足够大足够显著，刺激对目标的执着。意义明明是精神层面的东西，怎么可能被量化呢？李笑来在《财富自由之路》一书当中，提到过自己年轻时的故事。当时为了赚钱为父亲治病，李笑来决定去新东方做英语老师。一开始他的英语水平并不够好，要再过单词关。众所周知，背单词是非常无趣的过程，于是他想了个办法。李笑来预估了加入新东方之后的收入水平，然后除以需要掌握的单词数量，得出的结论是每背1个单词就等于赚50块钱。这时候在他眼中，那些单词不再是乏味的字母，而是代表着赚钱为父亲治病的希望，从此他就拥有了无穷的动力。这个故事也许有些俗气，但是绝对实用。比如高中三年时间里，哪怕辛苦一些，最后在高考时提高1分，也许你未来考取的大学就会有质的差别。把这一点想明白,并清楚地量化出来,你会觉得无论什么样的辛苦都是值得的。

另一种方法叫作"意义深化"。就是不仅仅看到一个目标眼前的好处,还能够预判未来的价值,两者相加就是目标总收益,从而更加坚定执着追求的愿望。法桐老师曾经和我分享过他读大学时的一段实习经历。他的专业是韩语,大三下学期时经一位学姐介绍进入会展公司实习。公司给他一本韩国企业通讯录,他需要打电话向韩国公司招展,每天至少打60个。每一天的实习工资是120元,并不算很高,但是去往公司单程就要一个半小时,路上还是挺辛苦的。其实他在学校附近找个培训机构做韩语老师就足以赚到这个收入。法桐老师却在会展公司整整实习了四个多月。问起他坚持的原因,他说,这份实习的价值远不仅是金钱,而是这份工作锤炼了他通过电话进行商务沟通的能力。在越来越繁忙的今天,电话沟通是职场人必备的技能之一。在打完5000多通招展电话后,法桐老师已经通关了这项技能,这份经历也在后来的职业生涯里,带给他无法计算的收益。

在关于目标这件事情上的不忘初心,就是要把一切目标转化为自身意义,然后激发起与之相匹配的意愿。

明确任务：不断地向下拆分

山田本一是日本80年代的一名马拉松运动员。1984年，在东京国际马拉松邀请赛中，名不见经传的日本选手山田本一出人意料地夺得了世界冠军。当时许多人都认为这个跑到前面的矮个子选手是偶然为之。马拉松赛是体力和耐力的运动，只要身体素质好又有耐性就有望夺冠，爆发力和速度都还在其次。两年后，意大利国际马拉松邀请赛在意大利北部城市米兰举行，山田本一代表日本参加比赛。这一次，他又获得了世界冠军。两次夺冠并非偶然！

十年后，这个谜团终于被解开了，山田本一在他的自传中这么说："每次比赛之前，我都要乘车把比赛的线路仔细看一遍，并把沿途比较醒目的标志画下来，比如第一个标志是银行，第二个标志是一棵大树，第三个标志是一座红房子，这样一直画到赛程的终点。"

"比赛开始后，我就以百米冲刺的速度奋力向第一个目标冲去，等到达第一个目标，我又以同样的速度向第二个目标冲去。四十几公里的赛程，就被我分解成这么几个小目标轻松地跑完了。"

"起初，我并不懂这样的道理，常常把我的目标定在40公里以外终点的那面旗帜上，结果我跑到十几公里时就疲惫不堪了。我被前面那段遥远的路程给吓倒了。"

这个故事也许很多人都听过，但是它确实经典到我必须再次引用。山田本一并不是职业规划或者管理学专家，但是他却语言简明地阐述了目标拆分的意义和操作方法。以马拉松比赛为例，42.195公里以外的地方是终点。但是，如果心中只有那个遥远的终点，是很难坚持住的，这就好像只看到一个中长期目标时，往往觉得难以达成而轻易放弃。山田本一在比赛之前通过实地考察确认的"标志"，可以被称为是"里程碑事件"。确认标志就是在寻找"里程碑事件"，再对目标进行拆分。当我们达成一个又一个小目标后，大目标自然水到渠成。

回到职场这件事情上，以大家一定关心的薪酬问题为例。我记得在我读大学时，曾经有职业培训机构喊出了"大学毕业年薪十万"的口号，一时人心激动。而今天如果是在北上广深等一线城市，年薪十万只能算是生活的底线水平。如果想要扎根一线城市，即使不考虑通货膨胀的情况下，30岁前达到年收入30万也只是基本条件。从10万到30万，看上去足足有3倍的差距，似乎难以达到。先别急着下判断，把3倍的差距细分到每年计算一下。假设本科毕业22周岁开始工作，在8年的时间里，工资收入的年复合增长率需要超过15%。这当然也不是一个容易的目标，但是足以激发起"起码我要试一试"的意愿，并且细化到年度的目标值为你的行动提供了必要的参照系。这样你就可以知道，每一年下来究竟是超越、完成还是未完成预期，以便你做出必要的调整。

在日常担任辅导员的工作中，我会建议同学们加入学生会或者社团之后，争取机会担任重大项目的负责人，比如筹办一次迎新晚会或者组织一场歌手大赛。作为项目负责人，有效分工并且监督执行是最基础的职责。推进项目就是把大目标不断向下拆分的过程，细分到项目组成员每一天应当完成的事情，可能只是召集一次彩排或者设计出一张海报。不断重复"提示（当日必须完成的目标）—检核（实际完成情况）—评价（督促落后/表扬先进）"的循环。只要通过项目沉淀下了这样的能力，在未来的职场竞争中你一定会因此受益。

实际上本书的内容设计也是遵循了把目标"不断地向

下拆分"法则。我们认为,如果把毕业时有一个称心如意的职业去向当作终点(当然在人生的旅途中这只是一个节点),奔向终点的过程如同练习生进阶演艺人之路,是需要不断升级打怪的。对于还在校园的大学生来说,直接推销"职场人必备宝典""优秀职场人关键素质"等内容很可能是鸡同鸭讲,会让大家感觉遥不可及无处下手。于是我们把准备就业的路径,匹配大学生活,分出"理解现状—明确原则—开始行动"三个阶段,并且在"开始行动"部分梳理出每个任务对应的行动清单以供参考。以毕业时赢在职场为目标,顺利完成每一项任务,就如同山田本一用百米冲刺的速度跑过每一个标志后,代表胜利的终点自然就会出现在眼前。

课后问答:

要找工作了,我还没找到人生目标,怎么办?

只有非常少数的人会在一开始就知道自己要什么,当然,他们是幸运的。

在时下火爆的综艺节目中,常常会有一位导师坐在学员对面,意味深长地说:"来,告诉我们,你的梦想是什么？"

我想，当很多同学跟我说"不知道自己的目标是什么"的时候，他脑海中浮现的一定是这个画面。似乎只有"我热爱这个舞台""我的梦想是做一个演员""我的梦想是去世界五百强"或者"我的梦想是拿诺贝尔奖"这样的回答才能配得上导师的一脸期待。

幸好，我们不是这样的导师，人生也没有唯一的答案。

对很多人来说，所谓的人生目标其实是一种终极困惑。所以我们需要先想清楚，当我们谈论人生目标的时候，我们在谈什么？如果你还找不到一个具体的答案，我们可以退后一步，看看你的价值观。目标并不是简单的一句话，而是一系列价值观所塑造的原则，遵循你的原则，你就走在正确的道路上。

如果你觉得自己不够了解自己，那么我们需要一些工具的帮助。在这里，我们引入舒伯的职业价值观量表。职业价值观量表（Work Values Inventory，WVI）是由舒伯（Super，1970）和他的同事们开发出来的一个包括了3个维度、15个因子的价值观量表，这个价值观量表可以了解不同的人对工作各项特征重要性的优先顺序。我们把它放在附录里，对照做一下，会帮助你更好地认识自己。

很多成功学教材会鼓励你去追寻自己的激情，但事实或许并非如此。

在卡尔·纽波特的著作《优秀到不能被忽视》中，作者用大量的案例说明了"有吸引力的职业通常有着错综复杂的起源，因此不能简单认为只要追寻自己的激情就已足够。"可以说，这是纽波特拨开所谓成功人士布道的迷雾，为我们呈现的深刻洞见。比如最为人熟知的乔布斯，大多数人都认为乔布斯是因追寻内心激情，进而创造了伟大的事业。但事实上，在创立苹果之前，乔布斯花费了大量时间研究东方的神秘主义，并前往印度学习禅修。1974年，乔布斯回到美国，不过是为了"赚些快钱"才开始接触电子行业。他和沃兹尼亚克开始设计套装电脑的电路板，并销售组装电脑，所以，是因乔布斯抓住了这个赚钱的机会，故事才开始变得不一样。即使是乔布斯，也并未在一开始就发现自己"改变世界"的激情。

因此，不要急于寻找目标，有时候我们要先把眼下的工作和学习做好，用纽波特的话来说，"激情是精通的副产品"。人生目标是过于宏大的描述，其本身是不断调整变化的，但关键是追寻的过程。

附录:

Super, Donald E., Work Values Inventory-Manual, Houghton Mifflin Company, Boston, 1970.

说明:下面有52道题目,请根据自己的实际情况或想法,在题目的得分栏内给出自己的评分,非常重要计5分,比较重要计4分,一般计3分,较不重要计2分,很不重要计1分。通过测验,你可以大致了解自己的职业价值观念倾向。

职业价值观测验量表	得分栏
1. 你的工作必须经常解决新的问题。	
2. 你的工作能为社会福利带来看得见的效果。	
3. 你的工作奖金很高。	
4. 你的工作内容经常变换。	
5. 你能在你的工作范围内自由发挥。	
6. 工作能使你的同学、朋友非常羡慕你。	
7. 工作带有艺术性。	
8. 你的工作能使人感觉到你是团体中的一分子。	
9. 不论你怎么干,你总能和大多数人一样晋级和涨工资。	
10. 你的工作使你有可能经常变换工作地点、场所或方式。	
11. 在工作中你能接触到各种不同的人。	

续表

职业价值观测验量表	得分栏
12. 你的工作上下班时间比较随便、自由。	
13. 你的工作使你不断获得成功的感觉。	
14. 你的工作赋予你高于别人的权力。	
15. 在工作中,你能试行一些自己的新想法。	
16. 在工作中你不会因为身体或能力等因素,被人瞧不起。	
17. 你能从工作的成果中,知道自己做得不错。	
18. 你的工作经常要外出,参加各种集会和活动。	
19. 只要你干上这份工作,就不再被调到其他意想不到的单位和工种上去。	
20. 你的工作能使世界更美丽。	
21. 在你的工作中,不会有人常来打扰你。	
22. 只要努力,你的工资会高于其他同年龄的人,升级或涨工资的可能性比干其他工作大得多。	
23. 你的工作是一项对智力的挑战。	
24. 你的工作要求你把一些事物管理得井井有条。	
25. 你的工作单位有舒适的休息室、更衣室、浴室及其他设备。	
26. 你的工作让你有可能结识各行各业的知名人物。	
27. 在你的工作中,能和同事建立良好的关系。	
28. 在别人眼中,你的工作是很重要的。	
29. 在工作中,你经常接触到新鲜的事物。	
30. 你的工作使你能常常帮助别人。	

续表

职业价值观测验量表	得分栏
31.你在工作单位中，有可能经常变换工作。	
32.你的作风使你被别人尊重。	
33.同事和领导人品较好，相处比较随便。	
34.你的工作会使许多人认识你。	
35.你的工作场所很好，比如有适度的灯光、安静、清洁的工作环境，甚至恒温、恒湿等优越的条件。	
36.在工作中，你为他人服务，使他人感到很满意，你自己也很高兴。	
37.你的工作需要计划和组织别人的工作。	
38.你的工作需要敏锐的思考。	
39.你的工作可以使你获得较多的额外收入，比如：常发实物、常购买打折的商品、常发商品的提货券、有机会购买进口货等。	
40.在工作中你是不受别人差遣的。	
41.你的工作结果应该是一种艺术而不是一般的产品。	
42.在工作中不必担心会因为所做的事情领导不满意，而受到训斥或经济惩罚。	
43.在你的工作中能和领导有融洽的关系。	
44.你可以看见你努力工作的成果。	
45.在工作中常常要你提出许多新的想法。	
46.由于你的工作，经常有许多人来感谢你。	
47.你的工作成果常常能得到上级、同事或社会的肯定。	

续表

职业价值观测验量表	得分栏
48. 在工作中,你可能做一个负责人,虽然可能只领导很少几个人,你信奉"宁做兵头,不做将尾"的俗语。	
49. 你从事的那种工作,经常在报刊、电视中被提到,因而在人们的心目中很有地位。	
50. 你的工作有数量可观的夜班费、加班费、保健费或营养费等。	
51. 你的工作比较轻松,精神上也不紧张。	
52. 你的工作需要和影视、戏剧、音乐、美术、文学等艺术打交道。	

【评价】

上面的52道题分别代表十三项工作价值观。请你根据下面评价表中每一项前面的题号,计算一下每一项的得分总数,并把它填在每一项的得分栏上。然后在表格下面依次列出得分最高和最低的三项

评价表

得分	题号	价值观说明	得分栏
1.利他主义	2,30,36,46	工作的目的和价值,在于直接为大众的幸福和利益尽一份力。	
2.美感	7,20,41,52	工作的目的和价值,在于能不断地追求美的东西,得到美感的享受。	

续表

得分	题号	价值观说明	得分栏
3.智力刺激	1,23,38,45	工作的目的和价值,在于不断进行智力的操作,动脑思考,学习以及探索新事物,解决新问题。	
4.成就感	13,17,44,47	工作的目的和价值,在于不断创新,不断取得成就,不断得到领导与同事的赞扬,或不断实现自己想要做的事。	
5.独立性	5,15,21,40	工作的目的和价值,在于能充分发挥自己的独立性和主动性,按自己的方式、步调或想法去做,不受他人的干扰。	
6.社会地位	6,28,32,49	工作的目的和价值,在于所从事的工作在人们的心目中有较高的社会地位,从而使自己得到了他人的重视与尊敬。	
7.管理	14,24,37,48	工作的目的和价值,在于获得对他人或某事物的管理支配权,能指挥和调遣一定范围内的人或事物。	
8.经济报酬	3,22,39,50	工作的目的和价值,在于获得优厚的报酬,使自己有足够的财力去获得自己想要的东西,使生活过得较为富足。	
9.社会交际	11,18,26,34	工作的目的和价值,在于能和各种人交往,建立比较广泛的社会联系和关系,甚至能和知名人物结识。	

续表

得分	题号	价值观说明	得分栏
10.安全感	9，16，19，42	不管自己能力怎样，希望在工作中有一个安稳局面，不会因为奖金、涨工资、调动工作或领导训斥等经常提心吊胆、心烦意乱。	
11.舒适	12，25，35，51	希望能将工作作为一种消遣、休息或享受的形式，追求比较舒适、轻松、自由、优越的工作条件和环境。	
12.人际关系	8，27，33，43	希望一起工作的大多数同事和领导人品较好，相处在一起感到愉快、自然，认为这就是很有价值的事，是一种极大的满足。	
13.变异性或追求新意	4，10，29，31	希望工作的内容应该经常变换，使工作和生活显得丰富多彩，不单调枯燥。	

得分最高的三项是：1._____；2._____；3._____。

得分最低的三项是：1._____；2._____；3._____。

从得分最高和最低的三项中，可以大致看出你的价值倾向，在选择职业时就可以加以考虑。

第九章　拥抱变化

拥抱变化：机会来自变化而非稳定

你如何看待变化？这是一个必须回答并且也具有很大思辨价值的问题。且不忙回答，我们先来探讨一个常识问题，美国位于中国的哪个方向？

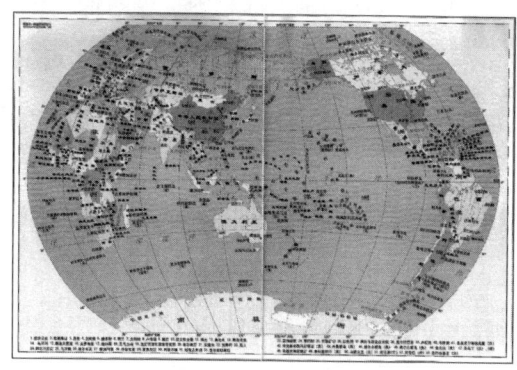

图3　常见版本世界地图

图片来源：http://www.onegreen.net/maps/m/world.htm

上图是我们最常见的世界地图。美国当然在中国的东方啊。地球是球体，球面自然就是一个曲面，为了把三维曲面转换到一个二维平面上，1569年，地理学家格哈特·克雷默尔（Gerhard Kremer）提出了"墨卡托投影法（Mercator Projection）"，并以此绘制了世界地图。这种世界地图为了让所有地方的北边向上，将每一条纬线都拉得跟赤道一样长，所以纬线长度基本都放大了。此外这种地图的另一个特色是要维持方位的正确性，纬线放大，经线也要放大，才不会变形。于是，纬度愈高，放大倍数愈夸张，两极最为明显。举个例子，非洲大陆面积3020万平方公里，俄罗斯国家面积1709万平方公里。非洲明明是俄罗斯国家面积的接近两倍，在地图上看上去却差不多大，这就是这种绘图方法引起的谬误。就好比剥橘子皮，无论如何橘子皮是不可能展开成完整平面的。

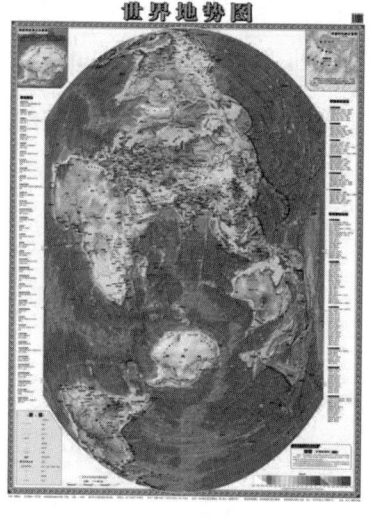

图 4　竖版世界地图

上图是中国地理学家郝晓光博士于2013年9月根据"双经双纬"原理编制的竖版世界地图。在这张地图上你可以看到美国在中国的北方。但是请注意,克雷默尔所提出的方法以及对应的"墨卡托"世界地图不仅没有"错",而且已在数百年时间里以简洁高效的方式指引了人类航行的方向。美国相对于中国究竟在什么方向,取决于你站在什么立场从什么视角出发。

变化这件事亦然。

结论先行,无论你是在校大学生还是刚刚开始工作的职场新人,对你来说,变化是机遇。

也许你听很多人提到过"拥抱变化"这个词。客观地说,"拥抱变化"在国内走红和阿里巴巴有很大关系。2001年,从GE空降阿里巴巴的关明生为这家年幼的创业公司带来成熟的管理机制和理念。同时也第一次用制度把阿里巴巴的企业文化与价值观固化了下来。后来为世人所熟知的阿里巴巴"六脉神剑"当中的第三条就是"拥抱变化"。

从公司的视角出发,阿里巴巴的变化最直观地体现在业务模块和组织架构的调整上。1999年阿里巴巴成立,当时只有一个国际站业务,2003年创立淘宝,2004年推出支付宝,2005年接管中国雅虎,2006年战略投资口碑网,2007年B2B板块在香港上市,2008年淘宝商城成立……2015年5月张勇出任公司CEO,几乎每半年就做一次调整。2019年9月,按照预定计划,张勇接替马云担任阿里巴巴董事局主席。从上面的记录来看,阿里巴巴似乎是一家不停折腾的公司,事实上也的确如此。

但是我们仔细回顾一番,从最早的跨境贸易到后来的零售、支付、本地生活……阿里巴巴进入的几乎每一个领域都不是空白市场,而都已经有看似成熟的商业模式与地位极高的龙头企业。如果不是抓住了互联网带来的包含技术、思维、经营模式等在内的一系列的变化,哪里会有后来的阿里巴巴。类似这样的情况，也几乎发生在每一个独角兽企业身上。无论是阿里巴巴还是腾讯，从市值角度看，都已经跻身世界顶尖企业行列。其实它们都只有20年左右的创业史，相对于传统行业的许多竞争对手，仍然是新人，如同初入职场的你。从心理学的角度来说，人的本性是厌恶风险抗拒变化的。但是在职场，请你牢牢记住自己作为新人的珍贵身份，充分理解如果没有变化，新人就没有机会这一点。所以面对变化，我们不仅不要抗拒，反而值得给变化一个大大的拥抱。

坦白说，和在校同学谈论"拥抱变化"是一件非常困难的事情。如同向不会游泳的人描述如何潜水。毕竟大学生涯的一切似乎都是按部就班的。这恰恰导致了同学们初入职场遇到变化时容易感到无所适从。从法桐老师接受咨询的情况来看，类似的案例非常多。觉得刚入职三个月公司调整业务就不得不接受更换主管，明明学的是A专业应聘对口岗位结果被调去做完全没接触过的事情，更极端的会遇上裁员，好端端的工作都没有了。具体问题需要对应的解决方法，但是如何在大学生涯中尽可能历练出"拥抱变化"的心态，则是很有价值的实践。

实际上在阿里巴巴内部对于"拥抱变化"这一价值观是有具体说明的：

"迎接变化,勇于创新;

适应公司的日常变化,不抱怨;

面对变化,理性对待,充分沟通,诚意配合;

对变化产生的困难和挫折,能自我调整,并正面影响和带动同事;

在工作中有前瞻意识,建立新方法、新思路;

创造变化,并带来绩效突破性地提高。"

在我看来,这段短短的文字完整诠释了面对变化的应有态度和三个层次分明的境界。

接受现实,适应环境—反馈信息,自我调整—正面影响,引领创新。

接受现实,适应环境

就好像"开心是一天,不开心也是一天",既然"唯一不变的就是变化",那么平静地接受和适应就是最佳的应对策略。

在这里,我特别想强调一下"不要抱怨"的重要性。在职场上,抱怨也许是最令人厌恶的一种品质。2019年4月,一名公开认证的搜狗员工在某职业社交平台上发布了一则爆料帖,提到"搜狗开始统计加班时长裁员了,身边很多同事每天坚持在岗至少11小时"。本来这无非是无数条匿名吐槽帖之一,结果搜狗CEO王小川两次实名回复,而且言辞极为火爆,"1)公司没这样的要求;2)即便是有这样的要求,如果是这样磨时间的员工,对公司对自己的生命都不负责任,不如离开了更好;3)不论有没有这样的制度,有没有这样的员工,楼主这样的都不适合在搜狗工作。不认同公司制度的人,要么适应,要么反馈建议努力帮助公司提升改进。跑出来嚼舌头,算啥?有种就赶快×××"。自创业以来,王小川都是以儒雅的风度为世人所熟知的,我想能够让他在网络上公开爆粗口的事情不会多,恰恰"抱怨""嚼舌头"就是其中之一。

表面上"抱怨"可以帮助我们发泄不满情绪,释放压力。但是从心理学角度分析,抱怨的原因分为三类:

第一是预期不合理所带来的失望。比如进入梦想中的校园学习,发现并不如想象中美好。好不容易拿到了高大上的实习,却只能做一些琐碎的事情。一旦认为都是环境或者别人的问题,抱怨就变成了理所当然。

第二是缺乏自信和行动力。特别典型的例子就是减肥,很多时候我们明明下了决心,在朋友圈发布了"不瘦二十斤不换头像"之类的豪言壮语,乃至办了价格不菲的健身卡。结果却并无行动,反而是随意找到诸如"学习/工作太累了完全没时间""健身房离家太远了"等理由逃避减肥的目标。追根究底,造成这种情况的原因是我们其实并不相信自己真的有毅力瘦身,也就更加没有行动力了。换言之,抱怨就是"嘴上虽不服,心里已认输"。

第三是情绪表达不当。很多人认为,通过抱怨可以改变别人的行为,结果却往往适得其反。

分析清楚原因后你会发现,抱怨是一件有百害而无一利的事情,必须有意识地树立自己"不抱怨"的心态。这是在校期间完全可以达成的目标。

反馈信息,自我调整

如果说"接受适应"的核心是强调面对变化不要被负面情绪牵着鼻子走,那么"自我调整"就更加侧重需要拿出具体的对策方法。会不会有一些时候,你会产生"我不想抱怨啊,但是我真的没有办法啊"这样的想法。就是针对"我真的没有办法啊"这种状态,心理学家陈海贤在《自我发展心理学》的课程中有专门的论述,"改变是一种选择,不改变也是一种选择。你为自己不改变所找的所有借口，像是没钱、没时间、太麻烦、没必要……它们统统都是你的选择。甚至连你告诉自己'我没有选择'也是你的选择"。而意识到一定有选择有办法，才是我们解决问题的前提。

同样是身在校园学习，你也很容易发现有很多办法多、点子快的同学。如果你不是这个样子，建议你多和这样的同学做朋友，更关键的是要通过观察和交流来确认有什么方法可以让自己变得和他（她）一样。法桐老师在做职业规划咨询时曾经遇到一位学习金融专业的女生小C。小C成绩很好，在校担任班干部，还经常拿奖学金。咨询过程中提起，她觉得自己没什么实际经验和社会阅历，却非常佩服同学小F。法桐就追问佩服的原因。小C想了想说，小F懂得炒股，什么A股、H股、K线、MACD等专业名词都讲得头头是道。法桐老师继续追问，小F为什么能够懂这些。小C继续说，曾经了解过小F的长辈中不乏股票高手，从小耳濡目染，他满18岁就开通了A股账户，并且长期专注学习炒股。虽然也有失手亏损的时候，但是善于总结提炼，不断完善自己的投资体系。总体来说在股票投资方面很成功。

方法是无穷无尽的，即使是同样的问题，也有不同的解决方法。不要指望通过外力就能得到立刻生效的"灵丹妙药"。在上述这个案例当中，小F和小C的对比恰恰揭示了我们如何让自己成为"有办法的人"。第一，要直面真实问题，此处强调真实，比如金融投资，单靠书本永远不能切身理解。第二，善于学习，无论是向他人学习还是通过书本和网络汲取营养，都能有所收获。第三，自我实践和不断思辨。这套方法论无比简单，大道至简，是值得在校园里实践形成的。

正面影响，引领创新

在这里，我们提出六项原则来确保可以发挥正面影响：

互惠。简单说就是投桃报李。举个逛夜市的例子，美食摊位的老板大多喊着"进来尝尝，不买没关系"热情招呼你进店。我们一旦进店，就会禁不住劝诱一通买买买。在你试吃那一刻，你的心中已经种下了"我需要像他对我好一样回馈给他"的暗示。在商业世界中，最成功的企业家往往是那些把这一点彻底想明白，并且付诸实践的人。李嘉诚曾经教育儿子，"你和别人合作，假如你拿七分合理，八分也可以，那我们李家拿六分就可以了"。每个人都知道和他合作会占便宜，就有更多的人愿意和他合作。

如此一来，虽然他只拿六分，生意却多了一百个。唯有利他，方能利己。

承诺和一致。意思是一旦我们做出了一个选择或采取了某种立场，就会立刻受到来自内心和外部的压力迫使我们的言行与它保持一致。尤其当这种选择被公开时，其效力是倍增的。毕竟在一般人的潜意识当中，都不愿意成为言而无信的人。

社会认同。即从众心理，作为典型的群居动物，人们的思想和行为会受到他人，特别是相同身份的人的影响。在我们加入一个新团队的时候，这一点会更加明显。在你希望发挥更大影响力之前，首先要和团队的成员们形成身份认同，"我们是一伙儿的"，唯有如此，我们才能和同事们站在一起，并肩战斗。

喜好。"投其所好"这个成语是有深刻的心理学支撑的，人就是会被感情因素影响，而且影响程度还非常高。情人眼里不仅能出西施，还容易出真理。让自己成为人缘好受欢迎的人，是在职场上走向成功的捷径。

权威。人们愿意听从专家的建议。成为专家，树立权威，不仅需要个人的努力，更智慧的方法是"借势"。如果你毕业于北外，不论是什么专业，大家会天然认为你外语水平很好。有阿里巴巴职业履历的人往往被人当成电

商专家。这就是为什么我会建议大家刚毕业时尽可能先去大企业，卓越的企业会为你的个人发展提供背书。

稀缺。数量越少的东西越有价值。比稀缺更重要的是稀缺感。钻石就是最好的例子。从矿藏储量的角度来看，钻石并不少。随着大矿不断被发现，潜在供应量还在不断增加。但是聪明的钻石商家就是能够几十年如一日地塑造和维持钻石的稀缺感，轻松赚取高额利润。

人在职场，影响力是个人能力的放大器。这门课在课堂上也许没有人教，但是在校园生活中值得我们有意识地修习。

应对变化最好的方法就是引领变化。在足球场上，双方都是11人对战。但是布局在后防线的人数通常都会超过对方前锋线人数。因为前锋在持球的情况下，掌握着的是发起变化的主动权，而后卫是被动应对的。再比如酒吧的DJ为何重要，也是因为他能通过音乐的变化hold住全场。

需要强调的是，创新的目的是改进流程、提高成效，为了创新而创新基本上等同于添乱。对职场新人来说，对既有的制度流程和经验之谈保持尊重，首先做到按部就班，然后基于对业务的理解再谈创新是更为合适的姿态。

课后问答：

打破人设，"优等生"的困与惑

看到这个题目，有人可能会问，"优等生"的人设为什么要打破呢？做个"优等生"，难道不好吗？

这里卖个关子，先明确一下我们谈论的"优等生"，或者说大众印象当中"优等生"概念通常意味着什么：第一，成绩要好，分数要高，把主要精力投入课程学习；第二，听话，听老师的话，听父母的话，主动遵守规则；第三，追随主流，并且积极争取在主流选择中的优秀表现。

表面上看，这几条都是比较积极正面的描述。作为老师，说实话，我也很难不喜欢"优等生"。但是，"优等生"也有着自己的发展困惑，在对他们的咨询当中，我惊讶地发现，有时候恰恰是"优等生"的人设本身，给他们的长期发展挖了一个大坑。

让我们重新看看以上三点，再想想下面的问题：

第一，分数，是最高目标还是失控的惯性？对每一个参加过高考的人来说，分数都意味着巨大的压力，"提高一分，干掉千人"的口号已经内化成了所有考生的集体潜意识。在过关斩将进入大学之后，这样的惯性也难免会保存下来。我工作中常常会遇到这样的学生，在大学期间为了奖学金或者排名，对一分甚至零点几分纠结不已。

事实上，当我们重新审视这个"惯性"的时候就会意识到，什么叫"买椟还珠"。高中阶段因为要应对高考，在掌握知识的前提下，着重考察的是细节处理能力；大学教育输入的是更高量级的信息，注重知识框架的建立，以及培养未来长期的自学能力。大学阶段是最宝贵的，可以有充足的自由时间学习"真本领"的人生阶段。学好课程当然没错，但不要把时间花在对分数的锱铢必较上。

第二，听话，是思考后的尊重还是对责任的逃避？"听话"，恐怕是中国孩子最熟悉的两个字，在相当长一段时间里，是否听话也是一个学生是否是"优等生"的重要标准。"童话大王"郑渊洁曾经写过一篇叫作《驯兔记》的童话，过于夸张地描绘了这个"驯化"的过程，甚至成为了一代人的"童年阴影"。

关于是否要"听话"，我们在书中也已经有过类似探讨，在这里我们谈谈"听话"的动机。很多时候父母和老师的确是对的，那么听话就意味着一种共识，是思考之后的尊重；如果他们没那么正确，甚至他们就是错了，这时"听话"就变成了一种免责条款，可以在出现问题之后推卸责任。这个策略看起来无懈可击，可惜最后承担后果的并非他人，而是"优等生"自己。此时，如果不能迈过这个自欺欺人的坎儿，就只能在长期发展上，为自己的盲目"听话"买单。

第三，主流，究竟是最好走的路还是最难走的路？"优等生"一个特别突出的特点就是喜欢追求主流，因为在主流中的优秀表现，往往意味着社会评价体系的认可。可惜，这只是学生时代的逻辑，恰恰与职场逻辑大相径庭。相信大家都听说过"红海市场"和"蓝海市场"的概念，前者代表着众所周知的领地，激烈的竞争和残酷的厮杀；后者则意味全新开辟的大陆，以及更少的竞争和更高的利润。那么问题来了，"优等生"们热衷的主流究竟是"红海"还是"蓝海"呢？

并不是所有的"优等生"都会遇到这样的困扰，我见过很多善于独立思考的年轻人，对自己的选择有着非常深刻的见解。但也有一批与他们同样努力甚至更加努力的同学，却因为没有意识到环境的变化而成为过往光环的奴隶，在个人发展上亦步亦趋，找不到自己的方向。

好在，现在还来得及。

亲爱的"优等生"们，是时候打破你们的人设了。

第三部分
开始行动

扫码观看

西瓜视频

哔哩哔哩

从校园到职场,为什么好学生也会处处碰壁?

> 小珂老大
> 老师讲的太好了,今年秋招挤破了头

> 火箭雄
> 帆姐分析太透彻了!现在不由得对就业产生了担忧

第十章 精力管理

时间都去哪儿了——重新审视自己的生活

很多人在进入大学之前，幻想的都是大学如何轻松美好，到了大学之后才发现，大学可比高中忙多了。没有人帮你规划学习安排，没有人给你洗衣整理做饭，没有人控制你刷手机的时间，没有人告诉你如何平衡学习与活动……然后忙碌了一整天、一整月、一整年，很可能不知道自己都做了什么，更不知道自己能做什么。

这是一个很"丧"的描述，然而更"丧"的是，这就是很多人的生活日常，他们甚至已经无力改变现状，只能心虚地问一句："时间都去哪儿了？"

好在，还有人愿意从忙乱的任务流中抬起头来，尝试与这种无序的生活方式"抗争"一下。在大学的最后两年，上海纽约大学世界史专业的学生陈诗允做了一个有趣的实验,并且在"造就TALK"上分享了自己的故事。

两年来,陈诗允以半小时为单位记录下了自己每天做的所有事情,了解并且定期回顾、分析、总结,他惊讶地发现这种方式能够直观认识时间的利用状况,甚至对自己的生活有了越来越多的掌控感。很多原来觉得做不到的事情(比如按时睡觉、健身、背单词),竟然也都慢慢做到了。他从一个拖延贪玩的迷茫青年,变成了一个拥有强大行动力的超强学霸,还在毕业时顺利找到了一份非常理想的工作。

不过,这个神奇的方法并不是这位小哥哥的原创。在《奇特的一生》中,作者格拉宁用纪实文学的方式描绘了苏联昆虫学家、哲学家兼数学家柳比歇夫的一生。柳比歇夫毕业于圣彼得堡国立大学,其一生出版了以分散分析、生物分类学和昆虫学为主要内容的70余部学术著作,在业余时间研究地蚤的分类,同时还写过不少科学回忆录。作者惊讶于柳比歇夫超高的工作效率,同时也发现柳比歇夫有一个坚持多年的习惯,就是精确地在日记中记下自己在每件事情上花费的时间,并且定期总结核算,还以此为根据进行下个阶段工作的安排。于是,作者在其日记的基础上,再现了对于常人来说简直无法想象的卓越而奇特的一生,也让"时间统计法",或者说"柳比歇夫时间管理法",逐渐为人所知。

时间统计法的核心就是如实地记录下自己每天的时间消耗。柳比歇夫写在日记里,陈诗允记在电子文档上,本质都是一样的,你也可以选择适合你的记录方式。现在,有一些厂商出品了专门用来记录时间的日程本,按照日历和时间做好排版,15分钟或者30分钟一个间隔,非常方便记录;对于手机党来说,还有"aTimeLogger","时间块",以及华为自带的"健康使用手机"等APP可以帮助你掌握和记录自己每天的时间花销,能够自动生成时间统计的表格和报告,记录的便捷性和准确性也大大提高。

用陈诗允的话来说,时间记录法对生活最大的启发在于对时间的"觉察"。我们的生活中总是有很多"时间黑洞"——朋友圈、小游戏、聊八卦、刷抖音……很多大块的时间,可能就在你不知不觉间流逝。于是我们常常会觉得时间过得很快,却并不知道时间去了哪儿。而当我们如实地记录下了时间消耗的进程,也就知道了该如何把控我们的生活。

表9 笔者的时间统计表格

日期	2020.2.17	2020.2.18	2020.2.19	2020.2.20	2020.2.21	2020.2.22	2020.2.23
星期	周一	周二	周三	周四	周五	周六	周日
7:00-8:00	睡眠	睡眠	睡眠	睡眠	工作	睡眠	睡眠
8:00-9:00	休闲	家庭	家庭	家庭	家庭	家庭	休闲
9:00-10:00	工作	工作	工作	工作	工作	家庭/休闲	工作
10:00-11:00	学术	休闲	家庭	学术	休闲	家庭	家庭
11:00-12:00	家庭	家庭/休闲	休闲	休闲	工作/学术	家庭	家庭
12:00-13:00	学术	学术/家庭	工作	家庭	工作	工作	休闲
13:00-14:00	家庭/运动	学术	学术	家庭	学术	工作	工作
14:00-15:00	家庭/睡眠	运动	休闲	休闲	家庭	学术	学术
15:00-16:00	休闲	运动	运动	工作/睡眠	运动	学术	运动
16:00-17:00	运动	运动	运动	睡眠	运动	学术	运动
17:00-18:00	家庭	家庭	家庭	学术	家庭	运动	家庭/睡眠
18:00-19:00	休闲	家庭	家庭	休闲	家庭	运动	家庭
19:00-20:00	学术	休闲	家庭	家庭	家庭	家庭	工作
20:00-21:00	家庭/运动	学术	学术	工作	家庭	休闲	家庭
21:00-22:00	休闲/学术	学术	学术	休闲	学术/休闲	家庭	家庭
22:00-23:00	家庭	学术	学术	运动	家庭	休闲	休闲
23:00-24:00	学术	学术	学术	家庭/休闲	家庭	休闲	休闲
0:00-1:00	睡眠	睡眠	睡眠	睡眠	睡眠	睡眠	睡眠

日期	2020.2.17	2020.2.18	2020.2.19	2020.2.20	2020.2.21	2020.2.22	2020.2.23
类别	周一	周二	周三	周四	周五	周六	周日
家庭	5h	5.5h	4h	4.5h	7.5h	5h	4h
工作	1.5h	1.5h	2.5h	3h	3h	2h	3h
学术	4.5h	6h	6.5h	3h	3h	2.5h	1.5h
运动	2h	1.5h	1.5h	1h	1.5h	2.5h	2h
休闲	2h	2h	1.5h	4h	2h	4h	4.5h
睡眠	7.5h	7h	7h	8h	7.5h	7h	7.5h

根据小毕老师自己的实践经验，最难的一点就是"如实"二字。因为直面真实的自己实在是太痛苦了。一旦你开始记录，你一定会对自己浪费时间的能力感到震惊，接下来就是深深的自责和羞愧，而这种情绪将成为你继续记录的巨大障碍。这里推荐的一个小技巧是"不要评判"。首先要接纳真实的自己，尽量平静且客观地完成记录，先掌握自己的生活模式，再通过统计分析来调整改进。

比如，陈诗允就发现，自己每天平均的工作时间只有5.2小时，如果除去开会的1.6小时，真正的有效工作时间就只有3.6小时。即使是柳比歇夫，每天的有效工作时间，也只有6个小时：

乌里扬诺夫斯克。一九六四年四月七日。

分类昆虫学（画两张无名袋蛾的图）——三小时十五分。

鉴定袋蛾——二十分（1.0）

附加工作：给斯拉瓦写信——二小时四十五分（0.5）。

社会工作：植物保护小组开会——二小时二十五分。

休息：给伊戈尔写信——十分；读《乌里扬诺夫

斯克真理报》——十分；读列夫·托尔斯泰的《塞瓦斯托波尔纪事》——一小时二十五分。

基本工作合计——六小时二十分。

是的，这才是时间分布的真相，而且关键是，这足够了，足够你去完成你想做的任务。如果你总是责备自己：为什么做不到8小时高效学习。坚持记录就会很难，改变也无从发生。但如果你意识到自己每天的有效时间本来就非常有限，也许就不会那么拖延，很多工作也会早点开始，也许你还会通过统计发现自己每天的"高效时间段"，从而更加高效地安排时间。当然，这些调整也都是循序渐进的，跳一跳能够得着的目标，也更利于我们把时间的记录坚持下去。

柳比歇夫还有一个特点，就是"有目标"，而且是"伟大的目标"：他从28岁开始，就确定了自己一生的目标——创立自然生物分类法。还记得你们热血沸腾心无旁骛效率爆棚的高中时代吗？就是因为有了"高考"这个毋庸置疑的伟大目标，我们的所有行为和时间就都有了确定的指向，时间的利用率也就自然提高。

最后，送上柳比歇夫的时间管理守则，看看你做到了几条：

1.我不承担必须完成的任务；

2.我不接受紧急的任务；

3.一累马上停止工作去休息；

4.睡得很多，10小时左右；

5.把累人的工作同愉快的工作结合在一起。

世界上也许存在很多极端自律的人，但大多数人永远无法变成这样。我们普通人可以通过对时间的统计，离真实的自己更近一点，在变成更好的自己的跋涉中更快一点。

确定生活的优先级——朝抵抗力最大的路径走

大学之道，要有远大的目标，也要有具体而微的执行。不积跬步，无以至千里，说的是每一天朝着目标前进一步才能征服远方，每天没有方向漫无目的地暴走，走来走去也不过是原地兜圈。两类方式看起来都是忙忙碌碌，但经过一段时间的积累，两种方式高下立见。

我们在上一节里用时间统计的方法掌握了自己的时间分布，下面我们就需要分析一下统计结果。

先想一想你预想中的大学生活，时间比例应该如何。最想做的是学习，是人际交往，是社会活动，还是闲暇时光？个人取向无可非议，重要的是，现在的生活重心是你自己选择喜欢的，还是不得已被挤占的？你是在一步一个脚印地朝着自己的目标奔去，还是被各方事务裹挟向前？你生活的主导者是你自己，还是学长、老师、家长？

当然，以上任何一种答案都有其存在的理由，但如果你问我的建议，我会希望你成为自己生活和时间的主人。你也可以听从他人的建议，决定权在你手里。你做出的选择是基于你的意志与判断，或许不是最正确的，但你愿意为此承担责任——无论是一时的成功还是失败。这样你才能在长大成人的过程中，最大限度地学会独立思考，为自己的人生负责。

下面，再看看你的时间分布，想一想那些经过你独立思考的理想和目标，然后再想想，你真的开始做了吗？

当我们想明白上一步的内容，我们就可以开始规划下面的时间安排。第一次可以从以"周"为单位的规划开始。新的安排要尽量具体，但又不失灵活。比如说每周要看一本书，大概需要三小时，至于是哪三个小时不能规定得太死，不然很容易有挫败感，同时又要具体，要确定哪几个时间段是适合读书的。这样你在这一天收拾书包的时候就会把书带上，也不会在提前完成任务的时间内觉得似乎无事可做，然后去刷手机。时间安排要以周为单位准备，早上温习晚上检查，在时间管理的过程中，养成每天确认一下日程是否完成的习惯还是很重要的。

我们在进行周、月、年的时间规划时，首先要给不同内容做一个排序。最重要的一类事情，在每一天的日程安排中都是最优先的。如果两者出现了冲突，一定要果断把优先事项做好。

那么问题来了，我们该如何排列各项目标的优先级呢？要完全回答这个问题可能比较困难，我们可以尝试先列出一个"负面清单"，也就是说，先把不能放在较高优先级的事情给明确一下，排除掉。

我曾经在一篇写给学生的文章中，总结过毁掉大学生活的四种典型生活方式（具体文章内容详见本章彩蛋）：

1.大脑放长假，思考慢动作：凡事都挑简单的来，不肯动脑；

2.社团小超人，开会万事达：不是在社交就是在去社交的路上，盲目社交，缺乏深度学习和思考；

3.我不行，我不行，我不行：遇事逃避，总是待在舒适圈中，不敢尝试有挑战性的项目和课程；

4.宅居生物，躯体退化：宅属性享乐，运动无能，社交回避。

以上几点就是大学青年中最常见的可以"毁掉大学生活"的优先级排序方式。如果一定要提出一个正面建议的话，我想，至少对于大学时期的青年来说，最有用的或许是：朝着抵抗力最大的路径走。

这是朱光潜先生在《给青年的十二封信》中一篇文章的题目，也是我非常喜欢的一篇文章。这本书完成于1942年，朱光潜先生在时局动荡的时候敢于写出自己明确的立场，这本身就是在向着抵抗力最大的方向行进。这本书恰如那个年代的"正能量"，但是却没有时下"鸡汤体"的矫情附会，在书中读到青年的问题，青年的困境，青年的朝气，甚至青年的懒惰，虽然间隔了半个多世纪的岁月，却仍旧如同看到了镜中的自己。

说"做自己"很容易，把自己变得越来越好很难；待在舒适区，一直做自己擅长的事情很简单，不断突破自己，去做从来没有尝试过的事情很难；抱怨社会很容易，为社会的真正进步做出自己的贡献很难；刷手机玩游戏晚睡觉很容易，早起很难；把不同的词汇和意向重新排列组合，写一篇鸡汤文很容易，挑战自己写一篇认真严谨的学术论文很难。

从某种意义上讲，这个世界是吃苦守恒的。在健身的过程中，教练会告诉你，肌肉受到的阻力越大，修复时的增长也就越快。人的成长也是如此。如果我们在人生的任何一个选择中，都选择那个容易的、轻松的选项，当下我们是舒服的，但长久来看，人就会变得越来越脆弱、无力和傻白甜；如果我们选择那条荆棘密布的、艰难的道路，或许衣衫褴褛鲜血淋漓，但当你回望时，会发现自己已经登上了杳无人烟的高峰，将从未见过的景色尽收眼底。那时的你，将无比强大。

每个人都有一个美好的梦想，但不是每个人都能从改变自己做起，让自己不断向着目标迈进。人都是有惰性的，这无法改变，但是我们在做选择的时候，或许可以勇敢一些，把目光放得更加长远，向着抵抗力更大的路径踏出一步，也许，我们的生活就会不一样。

所以，我们也许没办法在完全不了解所有读者具体情况的前提下给出如何排列优先级的建议，但是我们仍然想说，在你们正年轻的时候，先不要纠结于改变世界，而是先找到勇气不断突破自己，向着抵抗力最大的方向，每天进步一点点，做更卓越的自己。

总是被DDL①追着跑——为什么我的生活一团糟

这是本讲拖延问题的书，从1983年出版以来，多

---

① DDL：英文 Dead Line 的缩写，直译为"死线"，即必须要上交任务或作业的截止日期

次重印，颇为畅销，但是两个作者在当初写作这本书的时候，也经历了拖延的痛苦挣扎。作为译者，在本书翻译过程中，也屡屡经历种种拖延困境。

——《拖延心理学》译者后记

正如《战胜拖延症》的作者加拿大心理学博士皮切尔所说，"人人都有拖延症"。在"拖延症"的概念诞生之前人类是否也深受拖延之苦，这是个历史问题；是因为拖延的普遍产生导致了对拖延症的研究，还是因拖延症广为传播推进了拖延症的扩散，这是个哲学问题；现代科技对人类生活方式的改变是否加剧了拖延症的爆发，这是个社会问题。然而，能不能处理好自己的拖延，改变自己的生活，却是每个人都不得不面对的人生议题。

无论你认为"拖延症"是伪概念还是真病症，这都不是我们讨论的关键，所以让我们暂且弱化这个命题，把注意力集中在如何提升我们的学习和工作效率上。在这里，我们介绍几个成熟的时间管理方法和概念，帮助你在纷乱的生活中找到秩序。

1.番茄工作法

番茄工作法由弗朗西斯科·西里洛于1992年创立，是一种简单易行的时间管理方法。其主要步骤如下：第一，设定一个任务，将番茄时间设为25分钟；第二，专注工作，中间不做任何与任务无关的事；第三，到番茄时钟响起时，在纸上画一个×，并短暂休息5分钟；第四，开始下一个番茄钟，重复以上步骤。

我第一次给学生讲番茄工作法的时候，有一位同学问道："小毕老师，这和我们45分钟上一节课，有什么区别呢？而且比45分钟还更短？完全无法想象这样一个简单的方法能帮助我们改变生活。"这位同学提出了很多人心中的疑问。这里需要注意的是，番茄工作法的关键，在于番茄钟不可中断，不可分割。如果在番茄钟内做与任务无关的事情，那么这个番茄钟就需要作废。所以，当某个番茄钟中出现其他干扰情况时，如果我们必须要去处理，那么这个番茄钟就只能宣告作废；如果干扰事件可以暂时搁置，那就先记下来，继续把番茄钟做完。最后，我们就能够以番茄钟为单位，回顾一天的学习和工作，进而持续调整和改进。

也就是说，番茄工作法的核心其实是一个完整的集中精力于一件事情上的"25分钟"。在没有上课铃下课铃约束的生活中，如果你想能做出更多具有完整性创造性的工作，就需要多给自己留出一些番茄钟。

2. GTD技术

GTD技术的全称为"Getting Things Done",也就是"把事情做完的艺术"。在我看来,这个技术的贡献在于帮助我们将无序的生活有序地管理起来。

这个技术的核心理念在于,大脑是用来思考的,不是用来记事的,烦杂的事务会影响大脑的运转。如果我们可以将脑海中纷繁的想法都记录下来,然后分类总结并转化成具体行动,我们就可以心无挂念地做好眼前的工作,从而提高工作效率。

在具体做法上,GTD技术可以分成收集、整理、组织、回顾与行动五个步骤,但总结起来主要有两点。第一,要清空大脑的内存。我们的大脑每天耗费太多时间提醒我们该做又没做的事情,通过收集和整理,我们可以把大脑从这种思维方式中解放出来。第二,把所有想做的事转化成具体行动。毕竟,想做的事可能是一个非常宏大的计划,而具体行动只能一步一步来,"千里之行,始于足下",就是这个意思。通过把计划具体化,我们自然就清楚了下一步的行动内容。就可以将用来烦恼的精力放在行动上,大大提高我们的工作效率,心态也会更为轻松。

3.拖延的反面——心流（Mental Flow）

心流，是由积极心理学家米哈伊·奇克森特米哈伊在2004年提出的概念，指当人们沉浸在当下着手的某件事情或某个目标中时，全神贯注、全情投入并享受其中而体验到的一种精神状态，并认为它就是人们获得幸福的一种可能途径。

你是否曾有这样的经历：在做一件事情的时候，完全专注进入忘我的状态，忘记了时间的流逝和外部的压力，能够解决工作中涌现的问题和克服工作中出现的困难，在工作完成之后获得巨大的满足和成就感。这种体验，就是心流（Mental Flow）。如果你经常体验这种感觉，那么恭喜你，你将和世界上大多数优秀的人一样，更容易在工作和生活中获得满足与幸福感。

以上是一些关于时间管理的成熟技巧，结合大学生活的具体场景，我们也总结了几个很接地气的小贴士，分享给大家：

（1）烂笔头为王

随身带个小本子，一天一页，每天几点有什么事情提前记下，当日早晨一看便知，既不容易遗忘也更有条理。

如果小本子是按照时间安排的就更好了,每天的时间表一列,一目了然。当今,我们都是智能手机一代,相应的软件应用或者手机自带的日程表都能实现这个功能,关键是一定要用起来。

对于小本子一族来说,每完成一件事情就重重地划掉,那一瞬间的成就感着实很爽;应用党可以找找加上复选框的选项,在完成的事项前面打个√,感觉也不错。每天晚上看着划掉了的大部分事情(大于80%就已经很好),可以开开心心洗洗睡了。

(2)勇敢说不

在时间管理的问题上,常常出现这样一种情况:你算好了时间账,知道问题出在哪里,可还是无法反抗生活。

你无法拒绝学长学姐交代的任务,你不能拒绝高中好友的聚会邀请,你不想拒绝下周一的约会,你没法拒绝一场听起来很不错的讲座,你无法拒绝在电脑跟前点开一个又一个页面……大学就是这样,时间有限而活动无限,精力有限而诱惑无限,唯有自制者才能坚守住最后的梦想。

对于社团或学生组织太多的同学来说,及时退出是比狼狈兼顾更负责任的行为,退出并不意味着你能力不足,只是说明你在这项工作或者和其他事情之间做出了你的选择。

如果你确定自己明白了想要的是什么，那么对于那些无关紧要的东西，就勇敢地说"不"吧。

（3）确保执行

很多人的时间表写得漂亮极了，可是到了执行步骤就把它们立马抛在脑后。所以，请在每天睡觉之前看一看自己的时间表是否得到了有效执行，如果没有，那明天要争取进步一点点，或者先少安排些日程。这样便于你树立自信，并且能够维护执行时间表的严肃性。

没有得到执行的时间表不仅不会对你有任何帮助，还会让你有过多的负罪感，这并不是我们想看到的。

（4）找个小伙伴儿

是的，找个小伙伴儿。

在时间表的执行过程中，他人的在场或许更能弥补你自制力的不足。和什么样的人交朋友就更容易成为什么样的人。如果你觉得在寒风呼啸的周末早晨爬起来泡图书馆是一件很可怕的事情，那么不妨约上一个喜欢上自习的小伙伴儿一起去，或许你就会更勇敢一些。如果你的小伙伴儿里有个你喜欢的人的话，也许你还能得到比高效利用时间更美好的结果！

课后问答：

我该参加学生会吗？

在之前的几节内容中，我们有时候会给出一些抽象的、方向性的，甚至是"不接地气"的回答，主要原因在于，我们希望可以不仅回答具体问题，而且能通过这些问题去启发思考。在本节中，我们会给出一些偏技术性的建议，操作性也会更强一些。基于我十多年来对大学学生活动的观察、参与和直接管理，希望对这个问题的回答，能够为大家提供一个有效的思维框架作为参考。

关于学生活动，每个人都有自己的立场与观点，但2018年一系列事件的发酵，却让学生活动再一次出现在风口浪尖上。2018年7月，某高校学生会发布《××大学学生会2018—2019学年度干部任命公告》，引发热议。该公告按秘书机构、组成部门、办事机构三个层级，列举了近200个学生会干部岗位，有的层级中还注明了所谓"正部长级""副部长级"等标示。同年10月，成都某学院一新生在学生会群里直接"艾特"学生会主席，遭到群管理员呵斥，称"杨主席是你们直接艾特的？现在你是在叫学长？我不想见到第二次"。一时间，舆论哗然，"学生干部官僚化"一说甚嚣尘上。很多同学对学生活动的态度，也从热情转变为犹疑，甚至反对。

当然，赞同或者反对，都有理由，也是自由，唯一不可取的，是"盲从"——听说学生活动好，就一窝蜂上，生怕自己落下；听说学生会"黑暗官僚"，就瞬间站队，也跟随着鄙视咒骂起来。其实，学生活动本来就是大学生活的一部分，除了学生会，还有各种各样的兴趣社团、学习小组和运动队，等等，总有一款适合你，没必要趋之若鹜，也不用避之若浼。毕竟，一个适合自己的学生活动团体，能够让你有途径去认识更多的朋友。

再回到前文的这几个例子，出现这种现象的一个重要原因在于，很多同学误认为，大学期间的学生工作是对真实职场工作的演练和模拟。事实上，大学活动中的所谓锻炼与职场相比，简直就是在新手村瞎转悠和直接打怪升级的区别，二者的运行逻辑完全不同，提升速度更是几何级数的差异。大学阶段的所谓"干部"也全无权力可言，有的只是一群学生的"集体想象"，一戳就破。

因此，我们对于学生活动的建议显而易见：从个人身心健康和高校正常运行的角度出发，活动当然要参加，但宜精不宜多，遵从自己的志趣和社会责任就好。

还有很多同学关心学业和学生活动的冲突问题。从整体的视角来看，学业和活动是根本不需要并列的，学业完全处在一个更高的优先级上,碾压所有活动。当然,我们这里的"学业"并不是指单纯的学习成绩,而是包含更广泛的甚至可以与专业无关的思考、实践和提升。因为只有学业,才能让你在痛苦中蜕变,掌握未来在职场上足以将你和其他人区分开的核心竞争力。

彩蛋:**如何毁掉你的大学生活**①

1.大脑放长假,思考慢动作

当你到了大三或者大四,你会发现吐槽"高考结束的那一刻是自己智商水平的巅峰"是一件非常流行的事情。学霸可耻,学神变态,只有学渣才是王道。天天电视剧,夜夜玩游戏,任何需要动脑思考的工作都是邪恶的社会强加给你的生活重担;任何以记忆力、反应速度和逻辑推理为评价标准的考试和竞赛,都是对幸福大学生活的蔑视和挑战。

要想毁掉你的大学生活,必须在最核心的问题上跟大学对着干:既然大学的第一要务就是要教会一个人独立思考,那就干脆不要思考。让大脑在雾霾和风沙中一动不

---

① 2018年发表于《辅导员的辅导课》。

动，风化成大学堕落的丰碑。

2.社团小超人，开会万事达

"喂，喂，喂！诶，等会儿！忙着呐！""等一下，我去开个会！""作业没时间写了，借我抄一下，我很忙！"……

你很忙，学生组织需要你；你很忙，哪个社团都离不开你；你是活动小超人，你是跑腿儿专家。对于大学生活来说，参加无数的学生组织是一种很炫又很赞的毁掉它的方式。你是同学眼中的社会活动家，你人脉巨广，哪里都有你的点头之交；你整日奔忙，心中充满着暖暖的被需要感，直到……直到步入大四，才发现别人都在自己选定的道路上耕耘已久，只有你还在别人的需要里原地踏步。

所有人都被你高超的技巧蒙蔽了，其实你早已潇洒地毁掉了自己的大学生活。

3.我不行，我不行，我不行

"万事不行"也是众多"毁技"中的必杀，从小地方来到帝都，本来就够冲击三观的了，偏偏还让我遇到那么多白富美高富帅！身高比你高，样貌比你好，待人接物比你成熟，学习还比你好，随便上个体育课就跑得比你快，连唱歌都比你好听！所以你说，"我不行"。

蜷缩在自己的角落，上上课，写写作业，平庸无罪。眼前的高山已经把你压垮了，你不敢犯什么错误，也再不奢望什么未来与梦想。没有希望和信心的人生就像贴上了封印的僵尸,身未动,心已死。

就这样,你被毁掉的大学生活,还没开始就已经结束,无人知晓。

4.宅居生物,躯体退化

废掉脑子只是初级阶段,连四肢都废掉才是极致。非上课不出门,宅居宿舍,蜗居达人,我们的字典中从来就没有"运动"两个字。

人生如此辛苦,难道不该在大学中得到全身心的放松和休息吗?能不动就不动,退化成一个肉球蜷缩在宿舍的床上,用拇指狂按手机跟舍友说话——除了吃外卖,连嘴都懒得张。

只有这样,才能将自己所有的退路全部切断,不仅毁掉大学生活,还毁掉你的一生。在这个拼脑力最后也是拼体力的时代,毁掉自己的身体和健康,也就毁掉了一切。

拯救你的大学生活很麻烦,但是毁掉她,很容易。

 课后作业1: 时间管理任务清单

一、明确短期目标

☐ 确保自己已经有明确的人生愿景或者明确的努

力方向；
- [ ] 依据自己的人生愿景，对长期目标进行优先级排序，并尽量与家人达成共识；
- [ ] 调研实现长期目标的可能路径，并将长期目标向下拆分；
- [ ] 尽可能地明确自己的短期目标，越具体越好。

二、优化时间安排

- [ ] 记录自己每一天的时间分布和番茄钟时间（或心流时间、高效工作时间）；
- [ ] 根据时间分布的记录，反思自己的时间安排；
- [ ] 结合个人短期目标，优化下阶段工作计划，并执行。

三、拥抱不确定性

- [ ] 重新审视时间安排，以确保可以留出足够多的空白时间以应对突发状况或探索新的方向；
- [ ] 在选择方向或排列优先级时，重点考虑更有挑战性和成长性的目标；
- [ ] 以周、月、年为单位，对过去的时间管理情况进行复盘和总结。

第十一章 寻找机会

好的简历应该怎么写

当你坐下来准备写简历的时候,可以确认你终于进入求职状态了。不过必须要提醒你的是,写简历以及后续的面试等,都已经是"术"层面的技法。而前面几篇与你分享的,关于现状的理解和关于原则的确认等,才是"道"层面的问题。不问"道"而只关注"术"的结果很可能是南辕北辙,先"明道"后"优术"才是可取的招法。

"老师,简历该怎么写啊?"

"我找了一大堆模板了,还是不会写简历,怎么破啊?"

"别人的简历都好厉害啊,我应该从何写起呢?"

简历当然是求职的敲门砖,就像是你的形象,要想杀入关键的面试关,取决于你扔过去的"形象"是金砖还是土砖,也就是说你能不能做出一份让HR无法拒绝的简历。

塑造一份合格的简历主要分成三步

第一，明确目的，为什么要写简历。

第二，梳理内容，确定在简历上写什么。

第三，美化排版，让简历简洁而美观。

第一，明确目的，为什么要写简历

也许你会说，写简历当然是为了找工作啊。在辅导员岗位上工作近十年的我，曾经看过也帮助修改过的简历有上千份。关于简历容易犯一个典型的问题，就是内容太满太多。通常一位应届毕业生的简历篇幅应当控制在1页A4纸以内。即便是工作五年以上的职场人2页也足够了。如果你不舍得删，认为每一项都很重要，那也许说明你贪图全面，并没有理解简历的作用。

关于简历有一个笑话，某公司相关岗位收到的简历太多了，于是拿电风扇吹，吹下桌的就直接不要了。这当然是玩笑，但是HR分配给每份简历的时间与精力极为有限倒的确是事实。在招聘高峰期，最多1分钟，HR就会决定我是否要与这份简历的主人进行联系。

实际上，几乎没有工作是靠简历决定人选的，因此写简历的目的不是应聘成功，而是让HR愿意了解你，进而给你一个电话或者面试的机会。能让HR快速感兴趣你的简历才会脱颖而出。冗长的简历，反而会增加阅读负担，成功机会将大幅降低。

第二，梳理内容，确定在简历上写什么

既然你明确了简历就是用来吸引HR关注的，那么显然内容应是HR最关心的，而不是你认为最有亮点的。作为应届毕业生，最主要的内容包含三个部分：基本信息、工作/实习履历、项目经历。

1.基本信息

不外乎姓名、联系方式、年龄、教育情况、求职意向。这一部分的内容书写并不难，但是有三点小的tips提供给大家。

首先，一般来讲拍一张职业装照片是最合适的，有些艺术机构可以把效果做得更像文艺照片，这样有助于HR在众多简历中发现你。记得一定要去专业摄影机构拍摄，否则不如不放。

其次，注意一下你的邮箱名称。我看到过很多人的简历上留下一个QQ邮箱，这会让部分HR觉得不严肃；也有人会起一个特别长或者拗口的邮箱名称，对于HR来说也是麻烦。我会建议大家使用姓名的全拼或者缩写+毕业年份之类的名称，采用126等商务邮箱。

最后，教育情况写本科、研究生或更高学位即可，不要从小学开始写。另外要保护自己的隐私。联系方式留下手机号和邮箱足以。微信一般不需要，职业的HR也不会一上来就通过微信和你联系。详细住址等敏感信息则更加没必要。

以一页A4纸为例，基本信息部分的篇幅应当控制在1/4以内。

2. 工作/实习履历

这一部分通常采用时间倒序排列。也就是说距离写简历的日期越近排在越靠前的位置。主要体现三方面信息：时间跨度、工作岗位、主要职责。主要职责建议一句话，最多不要超过3条。例如，"2011年8月—2015年5月，集团培训经理，统筹负责全公司年度培训计划与执行落地"。描述到这个程度就足够了。有时候可以附加上汇报对象，如果是管理岗可以加上直接管理和间接管理的人数等信息。对于应届毕业生来说，如果没有全职工作，把实习履历写清楚即可。

工作/实习履历的篇幅也应当控制在1/4以内。

3. 项目经历

相信聪明的你已经发现，剩下一半的篇幅都是拿来写项目经历的，看来是重要的篇章。那什么是项目呢？项目有三要素,特定目标、时间限制、具体结果。仍以培训经理为例,"负责全公司内部讲师体系搭建"是工作职责。而"在2018年5月至10月期间,设计并推动落实了金种子项目,最终认证通过销售讲师30人",这就是一个项目。"2018年5月至10月"是时间,设计并推动项目是目标,而最终认证通过讲师30人就是结果。也许你会说,作为在校学生,自己好像没有项目。实际上,如果你在大学期间曾在学生社团担任职务,并完成过活动的策划和落地,这种经历就是项目。通过项目能够考察一个人的职业素养。所以这也是HR最关心的内容之一。

写好一个项目的方法,叫STAR法则。几乎一切关于案例描述都可以参照这个法则进行。非常有效,值得反复练习。

S,situation,即背景。项目发生时所面对的客观情况。

T,task,即任务。你的任务或者目标。

A,action,即行动。你所采取的具体措施。

R,result,即结果。最终目标达成情况。

我们以一位学生会文艺部长为例:

"2017年9月,主导全校新生文艺汇演。在学校团委书记更换,启动时间较往年缩短至仅有2周,新生人数较上一年度增加40%至3000人,预算仍与上一年度持平的情况下。高效建立汇演临时组织，明确人员分工。创新演出节目选拔制度，按照学院进行分组PK赛，激发参与热情。协同外联团队争取赞助商支持，将赞助商商品巧妙融入演出当中，提高赞助金额。最终演出效果受到师生一致好评，学校官微专题报道，阅读人数突破50000+，为历年新生文艺汇演最高，赢得校长点赞。"

以上这段文字作为一个项目经历来说非常完整。不仅符合STAR原则，也有翔实的数字和具体的步骤。

另外除了基本信息、工作/实习履历、项目经历等三个主要部分外，还可以体现自我评价、荣誉奖项等信息。

第三，美化排版，让简历简洁而美观

直到简历内容确定后，你才需要搜寻模板。那些一想到写简历，就满世界找模板的人，实在是本末倒置。

模板的选择主要是确定风格，除非你要找一份艺术类或者创意类工作，否则还是建议使用商务风格模板。至于排版，总体原则就是"格式服务内容"，而不是相反。所以我们首先还是确认篇幅分配，最为重要的项目经历部分，建议占据全篇的一半左右；其次是字体，建议选择微软雅黑、黑体和宋体；最后是字号间距，尽量让内容刚好占据整一页，但是注意不要太满太密。如果内容太多，则参考第一条原则,坚决进行删减。

以A4纸为例,建议正文字体是小四,行间距1.5倍。标题可以大一号。

为什么我们要去招聘会

经典的4P理论认为,要把营销做好,无非是四件事情:产品、渠道、价格、促销。如果用4P理论来对照毕业生求职这件事,那么产品就是自身的实力,而渠道就是指应聘途径。我们自然希望选择的应聘途径足够高效。对于应届生来说,区别于社招,能够参与招聘会不仅是一个通常的途径,更是一项特权。

据说只有失去过才知道珍惜,很多同学和我说,毕业季的招聘会多如牛毛啊,热门企业人太多感觉没啥用,而不热门的企业自己又没兴趣。但是也有更多离开校园的毕业生会和我说,当初学校的招聘资源太好了,为自己没有充分利用而感到遗憾。如果给出一个量化的建议,我认为进入毕业季之后,在9—12月校园招聘会高峰期,同学们应当保持每周参加1场的节奏。

校园招聘会实际上可以分成两大类。

第一类，一个企业的专场招聘会。

在万千企业当中，有能力进校园举办专场招聘会的企业都是相对优秀的。如果是一线城市的优秀高校，不是大型知名企业可能都排不上档期。即使是普通企业，选择举办专场招聘会这样成本最高的方式招聘应届生，也显示出了最大的诚意，以及对招聘成果的期待。

在就业市场上，一方面每年数百万应届生毕业找工作难，另一方面企业对有潜力的人才永远求贤若渴。越是超一流企业，越是重视校园招聘，往往会组建专门的团队来负责，对招聘会无论是内容还是形式都会投入资源精心组织。参加专场招聘会是了解目标企业基本状况的最佳方式，没有之一。以下就是参加一场招聘会的正确姿势：

1.事先准备、提前到场：专场招聘会的信息都会在学校内网提前公布，除了确认时间、地点这些信息，应当对招聘会整体流程做好标注和计划。信息页面通常会链接到公司招聘主页，同学们需要详细浏览，在参加招聘会前锁定三五个最希望了解的岗位，在现场进行重点关注和了解，这样可以大幅度提高求职效率。

提前到场也是我特别推荐的：企业方专场招聘会至少提前2小时就会开始布置，临近开场前半小时各项准备工作基本就绪，等待同学们入场。这个时候其实到场的人比较少，而企业方工作人员也会有空闲时间。你的到场不仅用行动代表了诚意和关注，更重要的是可以借此机会与企业方工作人员攀谈结识，大胆要一个微信也未尝不可。至于能否在后续应聘环节有直接帮助倒在其次，主要是通过这种方式能够锻炼自己的社交能力，也可以扩大自己的优质人脉。有时候我特别不理解那些去了招聘会，却坐在最远的角落里刷手机的同学，难道躺在宿舍不是更舒服一些吗？

2.认真听讲抓重点：一场招聘会通常在1—2个小时之间，至少会有两个人上台介绍情况。一位是企业领导，介绍企业业务；另一位是HR，介绍招聘岗位和流程。通过他们的介绍，你至少需要掌握三项信息：这家企业是做什么的，重点业务方向是什么，目标岗位的招聘要求是什么样的。如果之前已经做了预习，这时候你的效率将会非常高，可以专注地听取针对目标岗位解读部分的内容。还有一些企业会专门安排从对应学校毕业的学长学姐现身说法。他们被企业作为形象代言人邀请到招聘会现场分享经验，一定是企业中的佼佼者。从他们的亲身经历上，你可以找到代入感，假如我像学长学姐一样加入这家企业，会得到什么样的机遇，如何快速适应，又应当通过什么样的方式快速脱颖而出。这些都是价值极高,但在书本上找不到的信息。

3.做举手提问的那个人:招聘会现场一定会安排互动问答。做那个举手提问的人,提出有质量的问题。这不是一件容易的事情,首先你需要有勇气,其次是要做思考。我在这里列举几个在招聘会上常见的提问,你可以对号入座:

- 请问一下如何向贵公司提交简历?

Excuse me?你确定HR没讲吗?刚才干嘛去了呢?

- 你们公司的产品经理一年能赚多少钱?

统一答案,我们会为应聘者提供有竞争力的薪酬。想知道更详细的吗?额,等你通过层层选拔,我们会在offer上写清楚哈。

- 我听说你们公司强度很大啊,"996"什么的,给加班费吗?

(讲出来的版本)我们公司严格遵守国家法律规定,为员工提供福利保障。我们也倡导工作与生活的平衡,实现完美人生。

(内心OS版本)这位小同学,都还没入职,就来计算加班费呀!看来是要求比较高,要不起要不起啊。

……

由此可见，提出高质量的问题并不是一件容易的事。要提出经过思考的、有礼有节的问题，有时候甚至和招聘本身无关。如果有机会你可以问字节跳动的创始人张一鸣，为什么做社交产品始终无法撼动微信的地位；也可以问美的集团董事长方洪波，如何实现从职业经理人到公司掌门人的华丽转身。提问不仅是为了求一个答案，而是证明自己是一个对目标公司高度关注，且有深度思考能力的人。所有的企业都喜欢这样的应聘者。

4.投出简历、建立联系：大型企业一般都是通过线上通道接收简历，如果开通现场渠道，那么就再投递一次。同时抓住机会和工作人员建立联系。不得不说，如果是热门企业，招聘会结束后，工作人员大概率会被学生们围住，对比一下，如果你提前半小时到场，机会该有多好呀。

第二类，企业集中进场的校园双选会。

双选会的地点一般会设在学校体育馆，甚至是体育场。几十乃至数百家企业集中到场，一家企业一个格子间。格子间顶上吊一个小牌子，写着公司的名称。下面是一张桌子，1—2位工作人员。参加双选会的学生往往不仅来自本校，也有来自外校的。人山人海，摩肩接踵，体验确实不好。遇上热门企业，递交简历的队伍可能和去迪士尼排的队伍差不多长。

来到双选会的企业通常不是最知名的,但毕竟中小企业才是就业市场的主流。对于绝大多数同学来说,通过双选会找到工作是现实的。参加双选会不是无奈之举,而是对自己负责的行为,是值得用心准备的。

第一,了解点位分别。学校内网会公布双选会企业点位分布图,做好攻略,做好目标企业的标注。一定要第一拨到场,早起的鸟儿有虫吃是普遍真理。进入场内直奔目标企业。

第二,准备1分钟乃至30秒版本的自我介绍。麦肯锡初期成立的时候,有一次项目负责人去谈项目,因为是小公司别人也不太搭理他,他手里拿着厚厚的一沓项目方案,恰巧在电梯间里遇见了对方的董事长,该董事长问麦肯锡的项目负责人:"你能不能说一下现在的主要内容和结果?"由于该项目负责人没有准备,而且即使有准备,也无法在电梯从30层到1层的30秒钟内把结果说清楚。最终,麦肯锡失去了这一重要客户。后来麦肯锡公司确定了"30秒法则",要求员工具备在30秒内把项目价值意义阐述清楚,吸引客户继续关注对接的能力。对同学们来说,双选会现场就是应用"30秒法则"的最佳场景。双选会现场递交简历时,一般都有机会与工作人员搭上话。最常见的情况就是请你用1分钟做个简单的自我介绍。正常语速下，1分钟可以讲120字。也就是说要在120字内把自己身上最大的亮点，和公司岗位的匹配点讲清楚。不要指望能够现场发挥，如果没有预先练习，根本不可能做到。

最后再强调一下，能够参加招聘会是作为应届生的特权。在茫茫毕业生当中，抽出刷手机睡大觉的时间，认真准备和参与招聘会，是提升找到好工作概率的性价比最高的投入。

人生的第一次面试

法桐老师给我讲过他面试的故事。他说，时隔多年，仍然记得自己大四第一次接到企业面试电话邀约时的场景：当时是上午10点左右，他还在床上补觉。一个陌生的座机打进来，听筒里传来的是好听的年轻女声："你好，我是×××，请问你是徐琪方（法桐）吗？"

"嗯，是我~"他迷糊着说，差点就想说出类似"有何贵干"之类的话语来。

"你好，我是×××公司的HR，我们收到了你的简历，你应聘我们公司的HR助理岗位。我们想约你本周四下午2点面试,你有时间吗?"对方的语气完全没有起伏,平静得像是智能机器人。

但是听到这句话的法桐老师,立马一个激灵从床上坐起来,清清嗓子回答道:"您好,嗯,有时间的。"

然后与对方约好了时间和地点,礼貌地挂断了电话。因为那是法桐老师当时的目标公司,放下电话后,他开心得做了一个"欧耶"的姿势。

接到面试邀约的确是足够让求职的同学们兴奋起来的事情,从概率角度来理解,成千上百的简历中选出几位进入面试,是足够难得和宝贵的。当然,单纯的兴奋并不产生任何价值,冷静全面地做好面试准备,把握住机会才是胜出的王道。我们的目标是做一个面霸,面一次成一次那种!

在介绍面试的准备方法之前,先要思考的是,企业为什么要面试,以及通过面试想要获取什么信息呢?

你可能会觉得答案很简单:面试当然是为了了解应聘者,确定他是否符合岗位要求。但是一次面试,哪怕有好几轮,最多也不会超过3—4个小时。这么短的时间里,可能全面了解一个人吗?答案显然是否定的。所以面试官的内心独白一定是:"我真的很忙,快点把你的能力说出来打动我吧。"

所谓能力,实际上分为知识、技能、才干三类。面试阶段侧重于考查技能与才干,具体到应届生,实际上是技能为主,才干是加分项。我们引用新精英学校的一张图表,来了解下三者的定义:

表10 知识、技能与才干

	定 义	举 例	培养策略	呈 现
知识	知识与信息	陈述性知识:物理、生物、法律/程序性知识:如何管理、如何骑车	搜索学习	学历专业资质证书
技能	运用知识和经验,通过练习而形成的趋于完善化、自动化的复杂系统	通用技能:阅读、电脑、表达/社交技能:说服、领导、沟通、展示/专业技能:分析、统计、使用仪器	刻意练习迁移应用	可衡量业绩实战实践
才干	自发并贯穿生活的思维或行为模式	专注、亲和力、幽默、感染力	应用整合	自我观察他人评价专业测评

我们重点关注技能这一栏,呈现的方式是,"可衡量业绩实战实践"。也就是说,需要依靠具体真实的事例来证明。比如有些同学说自己的沟通能力很好。

"作为学院学生会外联部副部长,在新生文艺汇演准备过程中，成功地在一周之内找到三家赞助商。"

"作为班级生活委员，在预算有限的情况下，说服大家按照我推荐的方案执行团日活动。"

"作为××公司的实习生，我说服公司提高我每天的实习工资标准。"

类似于以上的"身份—事例"句式就是面试回答中非常棒的范例。但是，如果没有具体的实际经历，你能顺利地讲出来吗？或者说，你编得出来吗？我想说，绝大部分的同学面对阅人无数的面试官，能够靠"编"过关的概率极低。所以由此我们要明确面试准备的首要原则：基于真实经历的有效准备，在面试中充分地展现自己，不留遗憾。就好像考试，正确的备考态度是，有多少分的水平就要考出多少分。而不要指望在考场上文曲星下凡，突然灵光乍现考得好成绩。

接下来我们了解面试的基本流程，以及针对性的准备策略。

完整的面试流程包含3个环节：群面—单面（1—3轮）—HR面。这实际上是一个决策流程：长名单—短名单（形成初步选项）—确认选项。

群面就是指针对两人以上的面试者的群体面试，最为常见的形式是分组PK。PK最典型的形式有两种，一种是辩论赛，场景脑补"奇葩说"即可。另一种是方案PK赛，例如快消品公司可能给出的一道题目是"冬季来临之际，新上市一款酸奶饮品。请确定产品前三个月上市期的推广方案"。

那么问题来了，群面时应该如何表现才能更容易得到面试官青睐呢？我们尝试换位思考，为什么企业要设置群体面试呢？实际上，即使是采取辩论赛的形式，也无论对错输赢，关键在于你在团队当中扮演的角色。

一旦企业选择采取群面，那么对于应聘者的考查，从讨论阶段就开始了。HR会悄无声息地旁听和观察应聘者们的一言一行。HR重点观察的是三个场景：

1.组内如何形成团队：标志是角色分工的确定。应聘者们通常之前都不认识，在短时间内快速地介绍自己，并且建立流程。不管是否有"组长"的名号，那位引导大家进行讨论和记录的同学，就是在扮演"组长"的角色，能够有机会展现自身的领导力。但是如果大家都抢着当"组长"，迟迟形成不了角色分工呢？对不起，整个组所有成员的领导力都不大合格。

2.组内如何达成集体观点：在"组长"的组织下，团队内部应当快速开展有效交流。要保证每个人都能够表达自己的见解，更关键的是，作为一个团队要在固定时间内达成集体认可的观点。最有意思的是,通常HR最关注的场面,就是当组内成员意见发生交锋时,同学们的表现。是退让,是随大流,还是据理力争呢?不同的行为背后反映了不同的个性特质。大多数时候,说得多一些容易赢得关注。但是如果一味强调个人观点的正确性,甚至不能控制自己的情绪,就会适得其反。这一阶段,一些非语言的细节也会进入面试官的眼睛并且打动他人。

法桐老师曾与我分享过自己在一次校园面试中的经历。当时是在湖南一所高校,群面采取的是辩论制。有一组内部讨论时,两位同学针锋相对,整个讨论都陷入僵局。这时候一位女生F的行动引起了法桐老师的注意。她悄悄地走到几位同学身边低声耳语,用最短时间与他们达成一致,互相点头确认。待确认基本掌握半数人员意见后,她温柔而坚定地打断几乎要吵起来的两位同学,提示时间不多了,建议采取一人一票投票决定观点。她的建议得到了大家的支持,随即达成了明确的集体观点。法桐老师说,当时他心里就确认,F直接进入单面环节,后面辩论环节的表现都不用看了。因为她是能够最大限度帮助大家团结起来、形成合力的人,这种品质是稀缺而珍贵的,也是演不出来的。

3.组间如何互动交锋:无论是辩论还是方案展示,都是非常直接的两两比较。观点正确与否并没有那么重要，面试官更关注的是逻辑是否完整、呈现是否清晰，以及遇到冲突时如何解决。

小结一下，在群面中最容易胜出的是两类同学，一类是领导力强，能够把大家组织起来的。另一类是思考能力强，能够对集体观点贡献最多的。记住，你是很难靠"演技"通过群面的，真正的功力在于你日常的积累，而理解群面的目的和流程只能帮助你表现出最好的自己。

单面通常是由业务线主管完成的，除了极少数专业所学与应聘岗位关联度很高的岗位，企业最看重的，是应届生的适应性和可塑性。所谓"管理培训生"一般都不限专业，而培养方法是多岗位锻炼，待1—2年后才会确定专门的发展方向。所以我也准备了一个单面的"三步法"通用流程，供大家参考。

第一，内容准备。首先是一段自我介绍。好的自我介绍是成功的一半。很多人在这个环节除了姓名、毕业院校专业之类的信息似乎就介绍不出什么了，最后就是尬聊，结果可想而知。自我介绍是需要精心准备的，一般建议在3—5分钟之间。主要的介绍要包含三个层次，我是谁，我对这次面试的重视和珍惜，我和这个岗位相关的兴趣点和特点。其次是对公司和岗位的认知。具体内容参考前面几节介绍的,如何快速了解行业和公司。在理解了公司的盈利模式之后,就能对应聘岗位在公司发挥的作用与承担的职责做出一个合理推测。比如说,阿里巴巴为什么到今天仍然没有把客服岗位外包?因为阿里巴巴不仅把客服当作是处理投诉的挡箭牌,还把客服当作了解和掌握客户第一手信息反馈的最前沿阵地。再比如联想集团的供应链部门地位为什么特别高?因为PC制造业早已是一片红海,全球供应链的效率对整个集团的盈利状况起到的作用最为关键。再次强调一下,你的理解不需要一定正确,但是要通过对公司和岗位的认知来证明自己对公司的诚意、自己的信息收集和分析能力,这是任何公司任何岗位都需要的。

第二,心理准备。面试,尤其是"压力面试"中,紧张是难免的。尽管这一代学生的交流能力比上一代人要高出不少,但仍旧有很多同学在面试时由于过度紧张痛失offer。作为辅导员,我常常需要安抚那些在面试中受到巨大压力甚至因此开始自我否定的同学。有这种经历的同学往往会像倒豆子一样对我重现面试的细节,诸如说到了哪一句,突然就好像激怒了面试官,接着就是一连串的质问。我一般会先等同学情绪稳定下来,然后试着问他:"你感受到那么大压力,那面试官之前认识你吗?面试官和你有仇吗?"显然不可能。所以这种压力只是一种测试,并不代表任何威胁。一旦你自乱阵脚，就等于中了埋伏。当感到压力时，我们要先让自己镇定和冷静下来，然后继续微笑作答。即使真的遇到强烈的否定，也不要和面试官辩论甚至争吵。如果在平静表达观点后，仍然无法说服对方，那么礼貌接受结束话题即可。一旦你进入面红耳赤的辩论模式，你就已经输了。当然，极端情况下也存在面试官的确素质不够的可能，这往往也代表着这家公司并不值得你去。

第三，模拟演练。你一定听说过"平常如考试，考试如平常"这句蕴含着深刻哲理的话。当你在平时就不断模拟考试状态，包括时间、地点和氛围等因素时，真正考试时自然习以为常，肯定能以正常水平发挥，甚至超水平发挥。求职面试也是一样。如果你没有模拟演练，那么真刀真枪的面试就变成了你的演练，一旦失败，你付出的成本将是巨大的。毕竟，心仪公司的面试机会并不常有。所以，我的建议是，有共同求职目标的同学们可以结伴准备，模拟演练。如果能够找到已经工作的学长学姐，或者企业HR来帮助你演练，并提出反馈意见，更是事半功倍。

进入HR面环节说明你已经胜利在望了。如果是社招人员，还需要补充一个谈薪酬的技巧。但是对于应届毕业生来说，其实你并没有什么资本和企业讨价还价。如果到这一环节，HR开出的薪水严重低于你的预期，那或许只能选择拒绝，毕竟企业为你一个人改变薪酬方案的可能性比较低。在这一阶段，你可以表现得更加放松一些，甚至是主动地向HR提问，比如对于未来公司的关注和岗位的思考。在之前单面的环节，企业已经充分评估了你的能力能够胜任工作。在HR面阶段，你们可以通过交谈，彼此确认是否"气味相投"。

珍惜每一次面试机会，从踏踏实实的准备开始。希望多年以后印在你脑海里的不仅是那一通面试电话，还有另一通祝贺入职的电话。

课后作业2：寻找机会任务清单

一、准备一份简历

☐ 准备尽可能多的简历素材，并随时更新。

☐ 按照职位要求填充简历内容，并美化修改。

☐ 通过网络寻找模板。

☐ 按照本书建议，对模板框架进行调整。

☐ 找到一位导师（辅导员、学长学姐或者企业HR）帮助你修改简历，尤其注意要追问提出建议背后的原因。

- [ ] 再次修改简历。

二、参加一次招聘会

- [ ] 通过学校就业网站搜索近期招聘会信息,锁定一个目标。
- [ ] 准备一个本子,记录招聘会重点信息,至少三项:

　　——这个用人单位是做什么的?

　　——重点业务方向是什么?

　　——目标岗位的招聘要求是什么样的?
- [ ] 准备一个向企业HR提出的高质量问题。
- [ ] 准备一分钟左右的自我介绍。
- [ ] 招聘会当天提前到场,选择前排入座。
- [ ] 认真听取招聘会内容,做好记录,并力争现场提问。
- [ ] 尝试在招聘会现场至少向一位企业HR主动介绍自己,并拿到微信或者电话。
- [ ] 招聘会结束后向HR问好,并做好书面小结。

三、准备和参加一次面试

- [ ] 准备好自我介绍,至少两个版本,1分钟版,和3—5分钟版。
- [ ] 通过网络搜集关于公司和岗位的信息,了解公司的盈利模式和岗位要求。
- ☐ 找同学或者朋友模拟面试，特别是压力面试。
- ☐ 面试当天着商务简装并提前到场准备。
- ☐ 完成面试后对过程和自身状态做好书面小结。

第十二章　告别校园

发展路径：继续学习还是马上工作

"老师，我马上大四了，你说我是应该考研还是找工作呢？"作为辅导员，这一类的灵魂拷问每年我都要回答无数次。我感谢每一位主动来寻求职业规划咨询的同学对我的信任，但是我也不得不说，职业规划不是算命，指望轻轻松松就得到答案的同学本质上就是在碰运气，这显然不是对职业生涯负责任的态度。

当然，我仍然会在这里给你两点建议。

第一，要给思考这个问题的过程加上一个期限。每年研究生考试报名时间通常在9月下旬或者10月初。我会建议你在大三暑假之前做出决定，以便在回到学校后能够全力投入准备。有同学会说，何必那么纠结，先报名再说呗，然后也找工作啊，哪个结果好就去哪个呗。两线作战视情况择优,听上去很妙,但从统计结果来看,往往是赔了夫人又折兵,既没能通过考研,也没有找到满意的工作。

关于考研,我们来看一组数据。在2016年之前,每年考研报名人数稳定在140万—170万之间。随后逐年增加,2018年达到238万,2019年增至290万,而2020年则高达341万,历年考录比在3∶1左右。如果你的目标是名校名专业,那么这个比例将会更低。从招考周期来看,初试通常安排在12月中下旬。而7月到12月,也正是校园招聘的黄金季。试图两头兼顾的结果,很可能是两边都顾不上。

第二,推荐使用排除法来做出决定。毕竟只有两个选项,如果确定不考研的同学就该全力去找工作。2020年全国高校应届毕业生再创历史新高,预计达到874万人。而前面已经提到,有341万人报名考研,超过1/3。实际上很多报名考研的同学,内心是这样的,"起码先报个名试试吧,给自己多条路"。

但越是这种时候我们越要问一句"我为什么要考研"。

这个问题,我会提给每一位准备考研的同学,得到的回答当然五花八门,而最多的答案是"我想读完研究生出来找份好工作"。那么,对于大部分同学来说,读研的目的不是为了做学术,而是希望在未来能有更强的职业竞争力。需要注意的是,读研是有成本的。这种成本不是学费,而是2—3

年的时间。也就是说只有通过读研才能得到比2—3年工作经历更强的职业竞争力的情况下,读研才是值得被选择的。

哪些情况下,读研带来的职业竞争力更强呢?在我看来,其实只有两种情况,是值得笃定考研的。

第一,考研显著改变城市、学校与专业等影响就业的重要因素。

客观而言,在一、二线城市,名校热门专业的毕业生一定会有更广阔的职业方向。相比于按照省份来划定招考范围的高考,全国统一分数线的研究生入学考试相对更加公平。对于非一、二线城市,学校普通专业也一般的同学来说,考研是值得为之一搏的机会。法桐老师与我分享过一个咨询案例。小W同学就读于某省一所二本学校的金融专业。从小就是乖乖女的她学习认真刻苦,成绩也保持在年级前列。还在上大二的她因此确定了考研的目标。她比较倾向于考本校,因为成功概率更高。法桐老师与小W有了如下这样一番对话:

法桐:小W,在你们专业,本科毕业主要是去做什么呢?

小W:以金融机构为主,最多的就是去银行,从柜员开始做起。

法桐:好的,那么就你的观察,你们学校研究生毕业主要是去做什么呢?

小W：emmmm……也是去银行的多吧。

法桐：那么同样去银行，研究生和本科生有什么区别呢？

小W：好像研究生毕业也要从柜员做起，听说是岗位工资高一些，大概多几百块钱。

法桐：那么也就是你准备为了将来每个月多几百块钱工资去读三年研究生是吗？

小W：……

法桐老师最后给小W的建议是，如果要考研，又不准备离开本省的话，那么就一定要去挑战该省最好的大学。而不要仅仅因为成功率更高而选择考本校。

第二，研究生学历是目标工作的入职门槛。

我们通常定义的"体制内"工作，有不少会把研究生学历设成最低准入门槛。比如学校，很多高校行政岗位的招聘都会明确要求应聘者具有研究生学历。即便是中小学，硕士乃至博士学位，也早已成为老师的标配。2019年4月，深圳中学在70周年校庆之前郑重发布了学校的定位，并且公布了部分师资的情况。不仅有博士出身的，还有好多老师来自清华大学、北京大学、哈佛大学等国内外顶尖名校。全校教师400人，拥有硕士、博士学位的超过200人。再比如公务员以及参照公务员管理的事业单位系统，具有研究生学历的应聘者不仅有更高的入围概率，而且正式上岗工作之后，定级与待遇也高于本科毕业生，甚至未来的晋升也会因为学历获得更多机会。

另外一种情况是，专业所学与工作内容密切相关，研究生会因为学习的积淀更多，而比本科生拥有高出一个档次的竞争力。比如说法律专业，知识体系广博，而内部细分方向复杂多元。本科学习往往只是打了一个宽泛的基础，至少要在研究生阶段才能深入学习，并且具备法律实操的能力。再比如一些工科专业，汽车设计、路桥工程等，研究生与本科生的水平层次差别巨大。只有先拿到硕士以上学位，才算是摸到了工程师的门。

值得注意的是，首先，"体制内"的工作总体数量有限，不能认为是就业市场的主体；其次，"专业所学与工作内容密切相关"的情况也是少数，而且可能会越来越少。2019年国产动画电影《哪吒之魔童降世》创下了超过50亿的票房纪录。位列国产动画电影历史第一名，即使在全部国产电影当中也仅次于《战狼2》。一句"我命由我不由天"更成为激励人心的新经典。导演饺子原名杨宇，从小就喜欢画画，经常看小人书和漫画书。但是因为父母都是医生，饺子遵从他们的期待，考入了国内顶尖医学院华西医科大学，也就是现在的四川大学医学部。但是他终究没有放下自己内心的梦想。毕业后放弃进入大医院的机会，全心投入到动画制作中。在好作品问世之前，他经历了很长一段没有收入来源，只靠母亲退休金过活的日子。直到2010年，他用三年零八个月的长周期制作出的动画短片《打，打个大西瓜》荣获德国柏林国际短片电影节国际竞赛单元评委会特别奖。然后他又用了10年时间，设计了100多个哪吒形象，完成66次剧本修改，制作1400多个特效镜头，打磨出了国产优秀动画电影《哪吒》。饺子的故事足够励志，也在客观上反映了现实，大学教育不等于职业技能培训，没有必要用专业框住自身的就业选择。

所以如果非要给出一个针对灵魂问题的确定性回答，我想说，除了上述两种情况之外，还是安心找工作吧。套用"不要用战术上的勤奋，掩饰战略上的懒惰"这句话，对绝大多数即将毕业的同学来说，我建议，"不要用准备考研的勤奋，来掩饰在择业上的懒惰"。

机会选择：挑选收获的工作邀约

特别希望这一篇对你有帮助，因为在若干个offer中做选择虽然很难，但是终究是幸福的烦恼。

我们回顾一下，求职的整个过程就是不断评价工作各个维度的过程，这些维度包括行业、公司以及与个人的匹配度等。当我们纠结不同的offer时，本质是因为我们没有在各个维度都胜出的完美选择。比如在大城市工作收入高，但是生活成本同样高，大公司名气大，但岗位并不是最喜欢的。所以在我们还没有具备绝对实力之前，我们先要学会的是科学决策。我推荐大家使用的是决策平衡单这一工具。

这是一张生涯决策平衡单样例。每个人都可以自己制作一份，然后分成五个步骤来填写。

生涯决策平衡单

	看重因素	重要度	选项A 高管	选项B PAD	选项C 自由讲师
1	成就感	8	4 / 5	4	5
2	智慧	3	3	5	5
3	上司关系	4	5	3	3
4	审美	7	3	5	5
5	经济报酬	8	5	2	3
6	创造力	7	4	5	4
7	自主	6	3	4	5
8	生活方式	5	4	3	4
	计分			232	252
	时间		2020年5月26日		

图5　生涯决策平衡单

1.选项

选项,就是你正在纠结的选择。既然是职业生涯决策平衡单,选项就是你对应的offer。值得注意的是,选项必须是具体的,而不是像样例当中的"高管""PHD"。而应当写清楚比如说"宝洁上海分公司管理培训生""华润集团总部财务储备干部""复旦大学历史系研究生"等。同时选项必须是真实的,不要把还没有确认拿到的offer加入决策清单当中,徒劳无益。

2.看重因素

看重因素就是考虑的维度。一份工作,我们通常会考虑收入、职位层级和未来发展等因素。当然每个人情况不同,各有偏好,看重因素的设置并没有标准答案。比如上司、加班、工作地点等都可以纳入进来。当然有必要提醒两点,第一,尽量准确定义各个因素,这个定义不一定是主流见解,而可以是你心中的认知。比如曾经有同学在使用平衡单时,同时写上了"福利"和"假期"两项。我提出疑问,因为通常来说福利包含了"假期"。他会告诉我,自己特别看重假期,所以把这一因素单列。这样的做法没有问题。第二,看重因素的数量不要太多,建议控制在8

个以内。

3. 重要度

重要度就是对应因素在你心中重要程度的量化。从1分到10分之间，分数越高，代表越重要。需要注意的是，重要度是后续打分的乘数，对整个决策平衡单的结果具有非常重大的影响。是需要审慎确定的。重要度可以有分数相等的情况，但是分数相等的看重因素不能多于2个。以上面的示意图为例，"成就感"和"经济报酬"都是8分，但是不可以有第三个8分的因素了。可能你会觉得做取舍的过程很难，实际上这就是决策平衡单的使用目的。我们希望尽可能精准量化不同选择带来的不同影响。很多时候，咨询者在确定完重要度打分之后就已经做出了最终选择，这就是最好的结果。

4. 横向打分

表格框架确定之后，开始进行打分。打分必须是横向进行的，原因与上文在描述"重要度"打分注意点时一样，对于最终决策的形成，绝对的分值重要，但更重要的是选项之间的分差。

5.分数计算

从上至下逐项横向打分结束之后,再对分数进行计算。将每一项看重因素的"重要度×打分",然后再一一求和。求和完成之后,你会得到一个清晰的量化分数。

那么是不是选择分数高的一项即可呢?我的答案是"看一看"和"不一定"。"看一看"的关键是两项。首先,针对那些不能确定的因素,要尽可能地去了解提高确定性。我曾经遇到一位同学C,他在本校的保研机会和一家世界500强管理培训生的offer之间纠结不定。C同学在确定"看重因素"时,把"导师/上级"放在了重要程度非常高的位置。在他看来,即使直接进入职场,第一份工作也是以学习为主,是在为未来做好准备,所以上级是否能够有效指导自己至关重要。在进行打分时,保研的导师是自己了解和认同的,当然得分很高。但是进入企业会是什么样子,他却完全没有概念。我和C做了进一步的探讨,发现在"导师/上级"上的评分会对整个结果有比较大的影响。所以我建议他先不着急做判断,而是去找500强企业的HR进行坦诚的交流,争取从HR那里了解公司可能会安排什么样的上级。后来,企业HR向他更加细致地介绍了企业针对管理培训生的成长计划。正是为了帮助管培生快速适应，这家企业在正式主管之外，还会安排专属"学长"提供指导和帮助。HR介绍的这一系列的安排打消了C的顾虑，让他最终选择放弃保研而直接进入企业工作，他的选择也得到了导师的理解。越是重大的选择，越是需要尽可能地全面掌握信息再进行判断，而不能靠主观盲目臆测。

那么，为什么在尽可能确定全部信息之后，答案仍然是"不一定"呢？因为人不是机器。如果说前面和你分享的都是如何使用决策平衡单的技法，那么接下来这句话就是"道法"，那就是"打分用脑，决定走心"。客观的打分有助于我们做出更为科学的决策，但是听从自己的内心，勇于做出选择，并坚持实现自己的选择，才是最贴合你真实需要的。

经典美剧《老友记》中，有这样一幕。男主人公罗斯需要在瑞秋和朱莉之间选择一位，作为自己的人生伴侣。当他与自己的死党讨论这一问题时，开始比较两人的优缺点：瑞秋娇生惯养、像傻大姐、太过注重于外表，工作方面还仅仅是一个服务员。至于朱莉呢，各种优点，并且和罗斯一样是古生物学家。唯一的缺点是，"She is not Rachel（她不是瑞秋）"。在这个理由面前，其他优点都是没有意义的。

在一些情况下，如果你反复思量，确定决策平衡单分数更低的那一项才是让自己夜不能寐的内心向往时，那么不要有任何犹豫，去拥抱你生命中的"瑞秋"吧。

跨入职场：你也许需要这些准备

特别希望当你翻看这一章时，已经拿到了一份心仪的offer，即将开启一段全新的职业生涯。在你的人生之旅中，学生生涯的收官显然不是结束的开始，而仅仅意味着开始的结束。

从校园转入职场，将是你一生仅有一次的体验之旅。如何让这一段体验更有意义和价值，我有几点建议。

第一，与过去的日子郑重地道别。如果是在校大学生，临近毕业时也许你已经在进行全职实习。我会建议你和所在公司商量一下，尽量抽出时间与老师和同学们毕业旅行、聚会或者是拍拍纪念照片。因为从长远看，工作的日子总是有的，而大学时光却一去不再有。特别是来自天南海北的同学们，一旦分别也许以后都再难见面。让自己的毕业有仪式感是一件非常重要的事情。如果有之前还没来得及表达的校园爱情，一定要大声说出来，万一对方也恰好喜欢你呢？

即便被婉拒，无非是懊悔一时，觉得自己是个愣小子/傻姑娘，但是如果错过这一次，怕是要后悔一辈子。

第二，身心调整。对应届生来说，你需要试着把自己的生物钟调整到工作状态，而不是学习状态。毕竟一觉睡到7点55，5分钟就可以冲到教室的日子已经一去不复返了。走出学校大门要开始学会照顾自己。比如说，很多公司不提供早餐，那么你要为自己在上班的路上找一家卫生可口的早餐铺。元气满满的早餐会帮助你拥有良好的状态。再比如，如果不是在家乡工作，就要考虑租房子。在预算有限的情况下，我会建议你优先选择距离公司较近的房产，哪怕面积小一些或者条件设施没有那么好。能够把上下班的通勤时间节省下来，无论拿来休息还是学习充电，都是非常值得的事情。

第三，在确定拿到offer之后，即使还没有入职，也可以开始与未来的主管和同事们建立一些个人联系。比如说加个微信聊会儿天，或者周末一起聚餐，送点贴心的小礼物等。这样的好处是，一般规范的公司在没有正式入职之前是不会给你传达工作任务的，但是通过建立个人关系，向未来的主管和同事释放善意。告诉他们，你对于新公司新工作充满期待，这将有助于你对未来工作的快速适应。通过同事们，可以了解一下公司的动向，比如说公司最新的业务方向、企业文化、行事风格等。但是注意不要打听诸如个人收入之类的隐私,还有各类所谓的公司政治和八卦。让自己表现得更加职业,远离一些是非。

第四,你需要准备一些入职材料,如入职填写资料表、体检报告、身份证、学历证及用于发薪的银行账号等,这些会和你签署的劳动合同和保密协议合在一起,成为一份人事档案。

当然,无论如何放松、迅速切换到职业状态都是最为重要的一点。毕竟进入公司之后,就面临一场硬仗——试用期的考验。按照法律规定,劳动合同期限三个月以上不满一年的,试用期不得超过一个月。劳动合同期限一年以上不满三年的,试用期不得超过二个月;三年以上固定期限和无固定期限的劳动合同,试用期不得超过六个月。很多人会担心试用期考核不通过怎么办?实际上人在职场必然要经受无数考核和考验,没有必要特别担心。企业面试一个人的成本也很高,并不存在故意为难的问题。毕竟一个新人刚到一家企业,要求他带来立竿见影的工作成果的可能性很低。所以,试用期的考核主要包含以下三个维度:

第一,对企业的适应情况。这些情况包括企业文化、工作强度、人际关系等。简单说,就是你在这家企业是否能够找到一个舒服的状态,最大限度地发挥自己的作用。

在你入职之初，这对于企业和你来说都是最重要的事情。

第二，独立承担工作的能力。这不仅是针对高层，哪怕你是最基层的员工，也有你的专属职责。在这一领域必须表现出足够的能力，不能再依赖他人，这是胜任一个岗位最基本的要求。

第三，对未来工作的规划和思路。我仍然要强调一下，规划不是领导岗位的专属技能，而是每个职场人的必备能力。如何能在未来把自己岗位的价值发挥到最大化，如何为企业做出更大的贡献。从试用期开始，你就应该对此有足够的思考。

课后作业3：入职准备任务清单

在拿到offer后正式入职前，建议完成以下事项，以便快速完成转换和融入。

一、郑重道别

☐ 拍摄一组纪念照片或者视频。

☐ 与亲近的同学完成一次毕业旅行。

☐ 如果还是单身狗，向心中心仪的对象大声表白。

二、身心调整

☐ 寻找租住的房子，并且与家人讨论购房计划。

- □ 搬入新居，按照职场人标准调整作息时间。
- □ 模拟上下班路程，找到合适的早餐铺或者咖啡厅等。

说明：如果你幸运的还住在家中，那么请执行第三条。

三、建立联系

- □ 联系未来主管，在合适的时间加入部门群（生活群）。
- □ 在群内介绍自己，并一一结识未来同事。
- □ 到单位实地感受，并与未来团队一起聚餐一次。
- □ 不断表达自己的主动与善意。

四、准备材料

- □ 详细了解公司的发展历史和组织构架。
- □ 了解自己部门同事和负责人的个人背景和工作内容。
- □ 在半年之内，大致做好自己五年内的发展规划。
- □ 按照单位对相关技能的要求准备好相应资质或证书。

拓展阅读：推荐书目

【1】《史蒂夫·乔布斯传》 沃尔特·艾萨克森 中信出版社

在推荐该书之前，我首先想着重推荐一下所有传记类的书籍，如果你不知道要读什么，那么就去读一本传记吧，这里既有伟大人物的卓越，也有人类共同的困境。字节跳动创始人张一鸣曾经在清华大学经济管理学院的访谈中表示："看了传记之后，我自己在后来的择业中，对我的职业规划更有耐心。你看到很多很伟大的人，年轻时的生活也是差不多的，也由点滴的事情构成，大家都是平凡人。你要有耐心，持续在一个领域深入，会取得相应的成绩。"

再来讲本书的主角。乔布斯作为近年来难得的布衣领袖深得众人的赞誉——被生身父母遗弃，由弱势的养父母培养长大，大学辍学，学禅宗练瑜伽……为什么这样的人可以改变世界?

或许,是一系列特质阴差阳错地组合在乔布斯身上——出生即被遗弃的事实和养父母郑重其事地说他是"上帝的选择",与生俱来的说服他人的能力和意志坚决不受约束的性格——正是这些偶然的交集造就了这样的乔布斯。

看完这本书你可能会慨叹,虽不能至,心向往之。但其实读书本不是为了"学会成功",读书是为了认识世界,理解人性,而人性是复杂的,是不确定的,是失之毫厘谬以千里的,是偶然的,又是必然的,是说不清道不明的,所以我们只能去看,去观察,去描摹,只能情境再现,书读百遍。然后在对那些传奇人生的阅读中,获得一点对于自我职业发展的期许和耐心。

【2】《高效能人士的七个习惯》 史蒂芬·柯维 中国青年出版社

> 谁也无法说服他人改变,因为我们每个人都守着一扇只能从内开启的改变之门,无论动之以情或晓之以理,我们都不能替别人开门。
>
> ——弗格森(Marily Ferguson)

《高效能人士的七个习惯》探讨了这样一个古老的话

题:"我们该成为怎样的人。"从认识自己的现状,到要成为怎样的人,再到如何成为这样的人,本书给出了清晰的目标、路径和方法,体现了作者对人性的精准体察和深刻洞见。

该书在界定了"好"的前提下,告诉我们要成为更好的自己,唯一路径就是坚持原则,不断"修炼";而"习惯"则是在掌握了知识、技巧和意愿之后,实现原则通向修炼的必经之路。一旦建立了符合个人发展原则的习惯,个人乃至团队的发展就会在最后一个习惯"不断更新"中,进入螺旋上升阶段。

作者主张为了个人幸福和长远发展,应该选择成为原则导向型的个人,并给出了实现这一目标的"七个习惯",以及这些习惯分别会带来的从个人领域(积极主动、以终为始、要事第一)到公共领域(双赢思维、知己解彼、综合统效)的成功,再到最后的个人的不断完善(不断更新),同时探讨了各个习惯之间的相关关系。

在作者看来,选择真正的成功和幸福,其实就是选择了依靠七个习惯的"自律",这并非作者原创,而是人类数千年发展历程中验证的真意。

从职业发展的角度来看,该书提供了一个认识自己和自我管理的基本框架。这是一本讲述个人自我修养的实用手册，唯有不断地实践与领悟，才是本书的最佳使用方法。

【3】《习惯的力量》 查尔斯·都希格 中信出版社

在和一些学生交流的时候，我发现很多人都在抱怨自己"总是无法养成按时复习的习惯""无法控制熬夜的习惯""不能控制无处不在而又无法遏制的食欲/游戏欲"，等等。也许你也有同样的感受，也许你觉得这些不良习惯给你的职业发展带来很多困扰，也许这给你带来巨大的无力感，也许你想改变这混沌的一切。

而该书则试图证明，这一切或许可以从改变一个小小的习惯做起。

《习惯的力量》一书结合试验、案例以及理论的发展，告诉我们习惯是如何形成的以及如何改造习惯。本书令人信服地说明了这样一个道理：人生的很多灾难可能仅仅是因为你没有养成好的习惯，而习惯，可以通过科学的方法改变。作者认为，在掌握了这个关键并且付诸实践投入努力之后，读者就可以更为有效地管理自己和组织，从而走向高效与成功。

如果想多了解一下关于这个问题的脑科学的发展历程，你可以从头到尾认真阅读一遍；如果你很忙，则可以着重看一下"前言"和"附录：读者实践指南"，这两部分会清晰直接地告诉你，改变习惯将在多大程度上改变你的生活，以及如何实现这种转变。

不过，改变习惯或者建立新的习惯都不是容易的事情，也离不开一个具有推动力的开始，我无法保证"习惯改变命运"，但我相信习惯能帮你"掌控生活"。

【4】《尽管去做——无压工作的艺术》 戴维·艾伦　中信出版社

《尽管去做》的英文简称为GTD（Getting Things Done），已经从书名转变为一门时间管理技术的专业名称，同类型的畅销书还有很多，但是这一本经住了时间的考验。

作者详细地分析了在事务纷繁的现代社会，我们应该怎样利用框架性和原则性的思维方式，管理我们的工作任务。作者认为，任务项管理比日程表管理更为有效。从我的角度来看，这本书最重要的创见在于提出了两个要点：收集"未尽事宜"和"两分钟处理原则"。

收集任务的关键在于，要把所有的"待办事项"都放入"篮子"（任务清单）且分类管理，而不是记在脑子里。有时候我们觉得压力很大，可能恰恰是因为你总是有"部分"内容没有做完，这些"小事儿"徘徊在你的脑海里，游荡在你的潜意识里，时隐时现，变成了巨大的压力。而解决的方法，就是把它们写下来，分好类，做完或者放弃，从而最终把它们从你的工作栏里狠狠划掉，也从你的心头彻底清除。这可以让我们把精力更多地集中在做事和思考上，而不是消耗在焦虑上。

处理事务的关键则在于作者提出的以"两分钟"为中心的一系列原则——丢弃不需要的任务、完成2分钟之内可以完成的任务、交出可以委托的任务、分类管理所有需要超过2分钟的任务，最后，明确目前较为重要的工作和任务。2分钟的标准不会给你任何拖延的借口，也能帮助所有进行中的工作有所推进，更重要的是，这同样减少了你的压力。

最后，任何的时间管理书籍都只是理论，想要用这个方法开启我们的职业规划，最需要的还是，马上行动。

【5】《金字塔原理——思考，写作与解决问题的逻辑》巴巴拉·明托　民主与建设出版社

鉴于写作能力在个人综合能力中的重要性，在这里推荐一本关于写作的经典畅销书——号称麦肯锡40年写作培训教材的《金字塔原理》。

这本书在豆瓣上评分8.1分，当属高分之列。但是我

第一次读完的时候却还是有些困惑,这本书似乎只讲了一个论点,即"文章应该由一个核心思想和三至七个次级论点支持,并如金字塔般逐次延伸",听上去似乎很简单,有必要搞得如此复杂吗?后来,我在写了近十年公文之后重读本书时才意识到,作者之所以如此不辞辛苦,恰恰是因为这个问题并没有看起来那么简单。

其中最有启发的是两点:第一,在写文章之前一定要尽可能精准地提炼中心论点,想清楚自己究竟想要表达什么内容,这是决定文章好坏的关键;第二,这个思想不仅仅可以用在写作上,还可以用在解决问题和管理下属等领域,本质上,"金字塔原理"是一种更为专业高效的思维方式,而非单纯的写作理论。因此,金字塔原理除了可以帮我们提高写作技巧以外,其原则也可以平移到思考和探寻职业生涯的过程中,帮助我们厘清思路,发现问题。

曾经在麦肯锡工作过的冯唐评价该书,"金字塔原则看似废话,但确实是一个伟大的原则,一个伟大的方法论"。

【6】《清单革命》 阿图·葛文德 浙江人民出版社

正如读者所见,我在本书的第三部分"开始行动"中也提供了三个清单,灵感就来自《清单革命》这本书。

该书的副标题叫作"如何持续、正确、安全地把事情做好"。作者认为，在复杂程度呈几何级数增长的现代世界，生活中的挑战和工作中的难题层出不穷，而合理使用的清单可以给我们的大脑提供一张"认知防护网"，从而降低人类由于记忆不完整或者注意力不集中导致的失误。简单来说，就是把常规工作总结成清单，或者用清单的方式来组织协作，从而提高效率，减少失误，进而依靠不断改进清单来实现对工作的完善。在这个基础上，作者总结了权力下放、简单至上、人为根本和持续改善四个关于清单的行事原则。

从我个人的角度来看，这本书通过足够多的翔实案例，佐证了合理使用清单的重要性，也对我自己的生活产生了一些影响：我开始尝试将常规的工作清单化，再依据清单完成工作，减少出错的可能；通过定期反思工作清单，与同事讨论，不断完善相应的工作流程。我的使用体验在于，清单的出现可以将我从那些烦琐而又不得不牢记的工作步骤中解放出来，有效缓解关于工作可能出错的焦虑，减少重复工作带来的疲惫感，帮助我将精力集中在更重要和更有创造力的事情上。

从管理生活到安排学习，从职业规划到组织工作，相信该书都能提供一些启发和帮助。

【7】《创业维艰——如何完成比难更难的事》
本·霍洛维茨 中信出版社

该书的作者本·霍洛维茨是硅谷顶级的投资人,依靠自己多年的创业、管理和投资经验,完成了这本关于创业的"大实话"。对于想要创业,或者已经开始创业的人来说,该书奉上了并不高大上但足够实用的提醒,帮助我们拨开创业的迷雾。

在书的前三章,作者介绍了自己的三段创业经历,三段经历其实都在说明一件事——勇气。面对困境,面对压力,面对转型,要有远见,也要有战胜困难的勇气。所以说,这本书最先告诉我们的道理,童话书和哈利·波特也早就说过:在困难和挑战面前,首先要敢于胜利。

从第四章开始,作者就从常见的创业困境、如何进行人和物的管理、常见的麻烦以及CEO的远见等方面,提供了36条建议。内容比较零散,但无论在创业还是非创业的环境中,都很有价值。比如说,"如何最大限度地减少办公室政治"。作者认为,只有领导政治水平太差,才会让下属们把精力都浪费在勾心斗角上。所以,领导不能把下属"不老实"的责任推卸到他人身上,要通过文化和制度,规范公司的运行。

对于想要创业的读者来说，这本书既提供了战胜困难的勇气，也带来了一些贴心的帮助。很多成功人士热衷的其实是"炫技"，他们往往把成功说得玄之又玄，只为凸显自己的不同凡响；也有一些人并不想告诉大家创业真实的样子，所以他们把创业写成了心灵鸡汤，仿佛轻而易举；而本书却朴实地告诉大家，其实每一个创业团队都是在艰难前行，每一步，都用尽了洪荒之力。

人生道路的选择也是一场创业，要做好自己的CEO，也是一件"比难更难"的事情。

后 记

感谢你读到这里。

但是，娜拉出走以后呢？

或者说，找到一个好工作以后呢？

如果你认为，找到一份好工作就等于交上了一份令人满意的人生答卷，那么真相或许要令你失望了。实在抱歉，人生的赛道在此刻才刚刚开始。

在我有限的辅导员工作生涯中，我发现有些学生的确很可怜。他们有一条宽阔无比的起跑线，从幼儿园开始，到大学，甚至博士才结束，他们筋疲力尽。可也许直到开始工作时他们才发现，自己的确没有输在起跑线上，可是对起跑之后的社会生活他们依然毫无准备，甚至一无所知。

如果这本书在避免这种令人筋疲力尽的一无所知方面，能做哪怕一点点的贡献，那将是我的荣幸。

最后，借用"网络写手"和菜头的一句话作为结尾，希望可以点亮一抹关于职业生涯的独立思考的微光：

"请相信，我说的每一句话，都是错的。"

致　谢

一本书的出版，总是凝聚着太多人的关心和帮助：

感谢顾问法桐老师从业界角度对于全书内容给出的建议和指导，并提供了丰富翔实的案例作为素材，这本书也蕴含着你大量的心血；

感谢责任编辑蒋菊平、徐澜的热心、真心与耐心，你们丰富的经验帮助我克服了一路上的诸多困难，没有你们的付出也不会有这本书的出版；

感谢小云、惠惠以及爸爸妈妈，感谢所有家人、朋友对我的支持，你们的笑容是我最强的写作动力，我爱你们；

最后，感谢所有的读者朋友选择了这本书，这是对我最大的肯定和鼓励，再次感谢你们的信任。